朝日新書
Asahi Shinsho 843

京大というジャングルで
ゴリラ学者が考えたこと

山極寿一

朝日新聞出版

はじめに

大学という知の拠点と、かつて未開の象徴と言われたジャングルがなぜ結びつくのか。そう思われる人も多いと思う。しかし、この二つはそっくりなのだ。

しかも、人類のもともとの故郷はアフリカの熱帯雨林、すなわちジャングルである。人類に最も近縁なチンパンジーとゴリラは未だにアフリカのジャングルとその周辺だけに生息している。人類がジャングルを後にして数百万年もたっているとはいえ、私たちの身体と心の特徴にはジャングルの暮らしがまだ色濃く残っている。その特徴を一言で言えば、「多様性と共生」ということである。それを現代人は忘れ始めており、それが現在の地球の危機、社会の危機、とりわけ学問の危機をもたらしているのだ。本書ではその問題点を指摘し、私たちが自由に発想し、未来を創造し、ともに豊かに生きる社会を作るために、大学がどういう役割を果たさなければならないかについて語ろうと思う。

それは、私が京都大学の総長として活動してきた6年間で気がついたことだし、ジャングルの発想によって大学で推進してきた計画につながる。総長になるまでの40年余り、私は人間以外の霊長類の研究者として、毎年のようにアフリカのジャングルに通ってきた。とりわけ私の主たる研究対象であるゴリラとは、仲間として仲良く付き合おうと努めてきた。おかげで、ゴリラの目から人間社会を眺める習慣が身についてしまった。そのことは、総長になってからも変わらなかったし、かえって人間のおかしな部分、自然の摂理から外れる部分が目についた。それは大学についても同様である。世界の知が往還する場所だと思っていた大学が、しだいに目先のことばかり追い求め、外から目標を与えられて、自由な発想が芽生えない世界になりつつある。それは、大学とジャングルを往復しながら学究生活を送ってきた私には、とても奇異なことに感じられた。

ジャングル、すなわち熱帯雨林は地上で最も生物多様性の高い場所である。多種多様な植物、昆虫、爬虫類、鳥類、そして哺乳動物が共存している。年中どこかで色とりどりの花が咲き、おいしそうなフルーツがなって、動物たちを引きつける。昼には色鮮やかな蝶や鳥たちが舞い飛び、夜にはカエルや虫たちの合唱が闇にこだまする。

人間に系統的に近いサルや類人猿もその仲間である。サルたちの種類は赤道直下の熱帯雨林に最も多く、緯度が高くなるに従って少なくなるし、それぞれの種《しゅ》の分布域が広くなる。これは、熱帯雨林の真ん中では新しい種類のサルが誕生していて、たくさんのサルたちがひしめき合って分布域を広げられないでいることを示している。そのなかで新しい特徴を獲得した種がジャングルを離れ、新天地へと旅立っていくのだ。人間もそうした、進取の気性を備えた種の一つだったに違いない。

これらの膨大な数の植物や動物たちは、互いのことをよく知っているわけではない。密接な関係を保っている種もあるが、まったく関係を持たず、出会ったこともない種もたくさんいる。しかし、ジャングルは一つの生態系として安定を保っている。川が増水したり、大木が倒れたり、外からたくさんの渡り鳥がやってきたとしても、すみやかにその変化は修正され、調和と安定を取りもどす。それは、ジャングルが豊潤な光と水に恵まれているからである。植物の生育に光と水は不可欠だ。その植物が提供する葉や果実や樹液を食べている植食動物たち、そしてその動物たちを食べる肉食動物たち、動物たちの排泄物や死骸を食べている分解動物たちが調和を保っているのがジャングルなのである。

そのジャングルのあり方に、京都大学のような総合大学はよく似ている。まず大学は多種多様な学問から成り立っている。京都大学には10学部、18大学院、35の研究所や教育研究センターがあって、3000人もの教員が日夜、自分の学問分野で独自の考えに磨きをかけている。それぞれの教員はよく知り合って共同研究をする間柄でもあるが、まったく会ったこともない人たちもたくさんいる。しかも、まったく関係なさそうな学問でも、どこかでつながっていて、ときとして予想もしなかったような分野が結びつくことがある。たとえば、それまで無縁だった発生学と医学が結びついてiPS細胞研究という新しい学問分野が生まれ、山中伸弥さんがノーベル賞を受賞するようなことが起こる。

そう、大学はジャングルと同じように常に新しい種、すなわち学問が生まれる場所なのである。それは、さまざまな学問が出会い、教員たちが自分の領域を超えて対話し、新しい考えを生み出そうとしているからだ。そして、新しく生まれた学問は大学を飛び出して、その能力を世界で試していく。京都大学が日本各地にたくさんの研究所やセンターを持っているのは、新しい学問の種子を発芽させようと努力してきた結果である。

そういった大学における多様性や調和を安定的に保とうとすれば、ジャングルの豊富な光と水に匹敵するものが必要である。それは世論とお金だ。京都大学には毎年5000人近い学生が入学してくる。高校を卒業したばかりの学生もいれば、他の大学で学び、高度な学問を学ぼうと大学院に入学してくる学生もいる。それぞれに大きな期待を京都大学に抱いているし、自分が将来活躍する姿を夢に描いている。そして、大学卒業後に彼らを受け入れる産業界や省庁などさまざまな組織も、大学で彼らが身につけてくる能力に高い関心を示す。さらに、イノベーションの創出を目指している企業や、たくさんの課題を抱えている自治体なども、大学で新しい発想や解決策が得られることを期待している。これらの期待や大学に対する信頼があって、多くの優秀な学生が入ってきてくれるのである。

その期待に応えるためには、最先端の学問を実施できる環境と、世界で活躍する高度な知識と技術を持った研究者を擁しておかねばならない。科学技術はどんどん刷新されるので、それにともない設備や装置は最新のものに入れ替える必要があるし、新しい知識や考えを持つ研究者の交流の場を用意しなくてはならない。そのための設備費や研究費は膨大な額に上るし、電光熱費や電子ジャーナル購読費など必要経費は年々増加している。ところが、国から支給される運営費交付金は年々削減されている。これからは、寄付や産業界からの投資を促進して大学の自己資金を増やしていくことが不可欠になる。

しかし、いまこの二つの世界は大きな危機に直面している。地球規模の気候変動や環境汚染によって、ジャングルは崩壊の危機にある。同じようにグローバルな世界の動きと財政難によって大学も存亡の危機にある。新しい種とイノベーションを創出する源泉をいま支えなければ、地球の未来も日本の将来もしぼんでしまうのではないだろうか。大学の総長はそのフィクサーであり、知の猛獣たちに力を発揮させる仕掛け人である。それを自負して大学の運営に挑んだ6年間、それを通して実感した大学の危機、そしてその経験からいま思う大学の未来について書いてみた。学問に関心のある多くの方がたに読んでいただければ幸いである。

京大というジャングルでゴリラ学者が考えたこと　目次

地図＝谷口正孝

京都大学時計台　写真・朝日新聞社

第1章

京都大学のトップに立つ

一・国立大学が危ない

大学がおかしくなった、と私が気づいたのは21世紀を迎えて京都大学の教授になったころのことだった。理学部の動物学教室で教員が定年や他大学への異動でいなくなると、人事委員会が開かれて公募が始まる。しかし、定員削減があって、すぐにはそのポストを埋められないという話になった。理学部は講座制をとっており、それぞれの講座には教授1、助教授1、助手2という定員枠があった。しかし、そういった体制はしだいに崩れ、助手がまったく採用できなくなったり、教授と助手各1とか、ひどいときには教授1のみという手狭な体制に甘んじなければならなくなった。

これでは講座運営ができない。教授や助教授は教養・基礎教育から学部の専門教育について毎週講義をしているし、卒論指導もある。さらに大学院の修士課程や博士課程の学生に対するゼミ、論文指導などがある。助手は演習や実習の指導を行い、学生と年齢が近いこともあってさまざまな相談に応じるメンターの役割をしている。学会や学術大会の準備に追われることも多い。教員の削減はこれらの業務が教員、とくに教授に集中することを意味する。まして私の研究はサルやゴリラのフィールド調査が主なので、1年のうち数週間から数カ月は出張しなければならないが、他の教員がいなければフィールド調査もままならないということになる。いったい何でこんなことになったのか。

それは、文部科学省から国立大学に毎年支給される「運営費交付金」が削減されるようになったから、ということがわかってきた。国立大学は2004年に法人化され、「人件費」や「物件費」の枠が外されて自由に人を選び、設備を整えることができるようになった。しかし、それも十分な資金があってのことだ。こともあろうに、法人化の直後から運営費交付金が毎年1〜1・3%ずつ削減されるようになったのである。自由な大学運営とは名ばかりで、実際は国の財政から国立大学を切り離し、予算を削減することが目的だったのだ。

当時の小泉純一郎総理は、構造改革の旗の下に国立大学を民営化しようとしていた。それを国立大学協会は必死に阻止しようと遠山敦子文部科学大臣に詰め寄り、やっと法人化という形で合意したという話を私は後で知った。法人化が大学にとっていい改革なのかどうか、教員の間にも議論があったが、当時はこれほど深刻なことになるとは誰も考えていなかったように思う。

運営費交付金が削減された代わりに、「補助金」という形で競争的資金が配分されるようになった。これは法人化に先立つ2001年に政府が発表した「大学の構造改革の方針」に基づき、①国立大学の再編・統合を大胆に進める、②国立大学に民間的発想の経営手法を導入する、③大学に第三者評価による競争原理を導入する、ことを具体化する目的で行われた。2002年に始められた21世紀COE（Center Of Excellence）プログラム（世界的研究教育拠点の形成のための重点的支援）とその後継として2007年度から実施されたグローバルCOEプログラムはその好例である。

この補助金を取らなければじり貧になってしまうと考えた各大学は、必死になって計画を立てて申請した。しかし、その内容には研究計画だけでなく、学部、研究科、付置研究所などの統合やスリム化、事務の統廃合や人員整理などがたくさん要求されており、その達成度が外部の有識者によって厳しく評価されるという仕組みだった。法人化が謳っていた自由な人事や組織の改革はどこへやら、補助金を通して大学を競争させることによって政府主導の大学改革が推進されることになったのである。

2007年に助教制度が新設されたのは、講座の教員体制がやせ細ることを受けての対策だったのかもしれない。それまでの助手は教授の補助といった職務と見なされていたが、「助教」は独立して研究室と講義を持てるようになった。私は助手の時代が長かった（9年半）から、学生を直接指導できないことに残念な気持ちを抱いていたが、長期にわたって海外のフィールド調査に出かけられるメリットも十分享受していた。助教になれば、教授や准教授（これも同時期に新設されたが、それまでの助教授と大して変わらない）と同じように講義を持たされるし、学生の指導にも責任を持って当たらねばならない。各種の委員会にも所属して職務を分担せねばならないから、圧倒的に仕事量が増える。

法人化によってこれまでにはなかった仕事も増えた。放射線設備や化学物質の管理を教員が担当し、そのためのライセンスを取得せねばならない。図書室が統廃合されて蔵書の整理や電子ジャーナルへのアクセス配備、インターネット環境やホームページの管理を分担せねばならないし、さらに認証評価、法人評価など、似たような書類を山ほど作成せねばならない。事務の定員削減で、これらの仕事は教員に回ってきた。さらに、補助金を獲得するとその成果を挙げるために国際シンポジウムやセミナーの開催に駆り立てられて、とても研究する時間などなくなる。それでいて、業績評価は研究主体だし、論文を書かなければ科学研究費補助金の申請もおぼつかない。その結果、すぐに論文ネタになる近視眼的なテーマが選ばれることになって、長期的な視野を持つ創造的な研究が減ってしまう。
そんな悪循環に大学がさらされていたころ、私は京都大学の総長に推挙されたのである。

二・京都大学の総長選挙

2014年の春に行われた京都大学の総長候補を決める意向投票で、何が起こったかはすでにマスコミでずいぶん報道されたので知っている人もいるかと思う。

京都大学の伝統的なやり方は、5月ごろにすべての常勤職員と教員約5000人で投票を実施し、獲得票数上位の10人を選ぶ。それを総長選考会議が6人に絞り、それぞれの候補者に「京都大学へ向けての抱負」をA4用紙1枚ぐらいで書いてもらい、1カ月後に再び講師以上の教員で意向投票を行う。その結果が、外部有識者と教員の代表半数ずつで構成される総長選考会議に報告され、他に推薦された外部の候補者とともに総長選考会議で検討され、最終候補者が一人推挙されることになっていた。

2回目の意向投票で過半数の票を取れない場合には上位の2名で決選投票を行い、その結果を基に総長選考会議が面接をする。その結果に基づき、10月1日に文部科学大臣が新総長を任命するのだが、これまでの慣例では総長選考会議が推挙した最終候補者が任命されてきた。

この最初の意向投票で、私は6人のうちの一人に選ばれた。しかし、私は理学研究科長や理学部長の経験はあるものの、理事や副学長になったことはなく、全学的な視野に立った大学経営の能力などない。国立大学は2004年の法人化以来、総長（学長）が教学と経営の両方のトップとなっていて、学長と理事長が分かれている私立大学より責任が重い。これまでアフリカの熱帯雨林でゴリラのフィールド調査に一身をささげてきた私に、そんな大役が務まるはずがない。そこで、早々に辞退することにした。

ところが、それを聞きつけて私のところに何人も使者がやってきた。多くは理学研究科の教員だったが、別の部局からやってきた人もいた。なかには、「山極さん、こんなに多くの教職員の期待がかかっているのだから、断ったら背中から刺されますよ」という脅しをかける人もいた。しかも、候補者の「抱負」とはうまくできていて、「京都大学に期待すること」であるから、「自分が京都大学で実施すること」のような立候補宣言ではないという。私が態度を決めかねているうちに、「山極さん、あなたもうすぐ63歳でしょ、ちょっと前なら定年で引退する歳じゃないですか。もう研究などにしがみつかずに大学に恩返しをしなさい」と言う教員が現れた。たしかにそうだ。自分の研究にこだわる年齢ではないな。そう思ったのが失敗だった。

とにかく形だけは整えよう。理性ある教職員のことだから、未経験の私を選ぶ人が多いとは思えない。そこで、私は少し過激な内容の文をしたためた。大学とは学生が主人公になるべきだし、学生が活躍する舞台を作ることがすべての教職員に共通なミッションだということ、それから総長の任期は今の6年から4年+2年、あるいは3年+3年にするべきだし、総長をリコールする制度を作ろうという主張である。また、他の候補者がきちんと背広にネクタイという写真を添えたのに対し、京都市動物園の腕章を巻いてゴリラを取材したときのラフな写真を送った。こんなとんでもないやつをまさか選ぶことはないだろうという期待を込めたのだ。

そのうち、学内に変なビラが回り始めた。山極という文字が大きく書かれ、「投票しないで!」という言葉が続く。要するに、山極を総長にするな、という呼びかけである。大学構内の至る所の掲示板に大量に張り出されていて、あちこちにビラが散乱している。ふつうなら、これは反対派のビラ、あるいはいやがらせということで大学側が撤去するはずなのだが、一向に取り外される様子がない。ビラの内容が私への批判ではなく、私の研究者、教育者としての活動が総長になるとできなくなることを憂える学生の声だったようだ。

後で聞いたところによると、私の研究室の学生が中心になってビラづくりをしたらしい。何ともありがたいことで、とんだお騒がせになってしまったが、これで私の出番も幕を閉じると確信した。

ところが、第2次投票の当日、私は投票に行かずに東京で開催された研究会に参加していると、夕刻にメールで通知が舞い込んだ。得票数トップの二人に入ったようで、明日決選投票があるので、その後に開かれる面接に出席してほしいという内容だった。心底驚いた。京大には酔狂な人がたくさんいるものだなと思った。ただまあ、いくらなんでも決選投票で選ばれることはあるまい、当て馬としての役割を果たした、ということなのだろうと高をくくっていた。

翌朝、新幹線に飛び乗って京都へ戻り、慣れないネクタイを締めて総長室のある本部棟へ出かけてみると、そこには総長選考会議のお歴々が並んで私を待っていた。すぐさま、「総長になったらこの大学をどのようにしていくつもりか」など、抱負を聞かれたと思う。どのように答えたかはもうあらかた忘れてしまったが、私は「リーダーとして旗を振るタイプではないので、教員の意見をじっくり聞いて調和をはかることが大事だ」というようなことを述べたと思う。聞けば、面接には私一人だけが呼ばれているということであった。

「やばい！」と私は正直思った。ひょっとしたらじゃない、本当に総長にさせられるぞ、と初めて事態の重大さを悟ったのだ。

理学部にある私の研究室で待機していると、総長選考会議の議長を務める安西祐一郎先生がやってきて、私が最終候補に推挙されたことを述べられた。頭が真っ白になったことを覚えている。しかし、もはや逃げ道はなく、すぐに本部棟で記者会見というので拉致された。記者に囲まれて今後の大学経営についての抱負を述べ、記者の質問に答えた。何をしゃべったか、もはや記憶にない。ただ、最後に「山極さんの座右の銘は何ですか？」と聞かれ、とっさにゴリラの姿が頭に浮かんだので、「ゴリラのように泰然自若です」と答えたことだけは妙に鮮明に覚えている。

三・総長として最初に学んだこと

さて、それからが大変だった。何せ、私は研究科長、学部長、教育研究評議会の評議員といった経験はあるものの、理事や副学長といった大学執行部の経験がない。大学経営のいろはを一から始めなければならない。ある新聞は、「会社にたとえれば、平の社員が社長になったようなものだ」と評した。その通り、暗中模索の日々が始まった。

総長に着任するまで3カ月近くある。その間に、理事と副学長、経営評議会の評議員を選ばなければならない。手持ちの札がまったくない状態でいったいどうすればいいのか。旧執行部は教育研究評議会で対立し、いろいろ問題があると聞いていたので、旧役員の方に継続をお願いするのは避けたほうがいい。だとすれば執行部を一新して、なお、学内の異なる意見を吸い上げるためには、今度の選考結果を利用するのが最善だろう、と私は考えた。

まず、意向投票で私と競った医学部と工学部の候補者に理事の就任を打診した。医学部はどこの総合大学でも最も力の強い学部だし、工学部は教員数や学生数ともに最大の部局だ。これらの部局の意見を取り入れなければ大学は成り立たない。大学には教育、研究、社会貢献という3つのミッションがある。お二人にはそれぞれ研究担当理事、教育担当理事をお願いし、快く引き受けてもらった。さて、もう一つは社会貢献、とりわけ産学連携がいまの大学では重要課題だ。いろいろ話を聞いているうちに、元厚生労働省の次官で京都大学iPS細胞研究所に勤めている強者がいると聞いた。早速交渉して産学連携担当理事になってもらうことにした。

残る理事の担当は、財務、総務、学生・図書、国際・男女共同参画の4つである。なるべく多くの部局からの参加を呼びかけたい。でも、理事を担当するには少なくとも部局長を経験している必要がある。部局の意見をまとめ、部局長会議で全学的な討議に参加した経験が不可欠だからである。京都大学にはたくさんの研究所やセンターがあって、学部や研究科以外の組織に属する教員が4分の1もいる。そこで、学部のない研究科から一人、研究所から一人、理事をお願いした。とくに男女共同参画は大きな目玉だ。すでに男女共同参画センター長として活躍している方に理事をお願いした。問題は総務と学生担当である。国立大学は文部科学省とのコミュニケーションが命綱である。法人化によって自由裁量が増えたとは言っても、年予算の3分の1を占める運営費交付金を文科省から配分されているし、教職員は準公務員で人事院の方針に沿って給与を決めている。できれば文科省のことをよく知っている方に来てもらいたい。私は文科省の次官に会い、できるだけ局長経験者をお願いしたいという意見を伝えた。その希望がかなったことは幸いだった。

最後は学生担当理事である。とくに寮の運営をめぐってはこれまで厳しい対立があり、私の学生時代そのままに学生担当理事がつるし上げられ、協約書に署名を強要されることが相次いでいた。相当な強者でなければ対処できない。そこで、旧教養部のミッションを引き継ぎ、学部学生との交流が多い総合人間学部の部局長経験者にお願いすることにした。

こうして理事が決まった後に、コンプライアンス、全学共通教育、入試、基金・同窓会などの副学長を法学部、理学部、経済学部の部局長経験者にお願いして、やっと全学体制が整った。その後、部局長たちから推薦のあった経営評議会の学外有識者と交渉して、新しい経営評議会を発足させることになった。とくに配慮したのは、地元自治体の長、産業界、他大学の学長経験者を入れることである。

京都は長年日本の首都として機能してきただけあって、東京とは一線を画す政策が多いし、人びとは自分の職業や能力が世界一という誇りを持っている。京都大学は国立とはいえ、地元の文化を無視しては存立しえない。産学連携は大学の最も大きな課題であるし、産業界からの期待を直接聞く必要がある。また、京都大学が内向きにならず、裸の王様にならないためにも他大学の方針に学ぶ必要がある。幸いなことに、交渉したすべての方々が快く引き受けてくれた。これで一応、京都大学の新体制は整ったわけである。

次に、私は東京大学の濱田純一総長に会いに行った。近年、国立大学が横並びに比較され、同じ指標の下にミニ東大化しているのが気になったからである。国際大学ランキングができて、日本の大学がどのランクであるかということがマスコミに取り上げられるようになっていた。これでは大学の個性が失われてしまう。京都大学は、東京大学とは違う個性を磨いてきたはずなので「互いに違う目標を目指しましょう」とお伝えしたかったのである。

京都大学本部の建物の3倍はあるかと思われる大きな東京大学の本部棟で、濱田総長に温かく迎えていただき、その後、上野公園のある料亭で一献傾けた。聞けば、濱田総長は関西の灘高に学び、私は東京の国立高校の出身だから、お互いに出身とは別の地域の大学の総長になったことになる。文化の違いに戸惑ったこともあるので、その経験は広い視野を持つ上で重要だと感じた。いろいろと貴重なご示唆をいただいたが、濱田総長が立てた「FOREST 2015」という東京大学の行動シナリオには感銘を受けた。これは、それぞれのアルファベットに行動指針を掲げ、Frontline（つねに日本の学術の最前線に立つ大学）、Openness（多様な人びとや世界に対して広く開かれた存在）、Responsibility（日本と世界の未来を担う責任感）、Excellence（教育研究活動における卓越性）、Sustainability（それらを持続させていく力と体制）、Toughness（知に裏打ちされた強靱さを備えた構成員）という標語にしたものである。FOREST（森）には、「森を動かす」という濱田総長の初心が反映されていた。

これはやられたなあと思った。実は、記者会見で思わず口走った「ゴリラのように泰然自若」という言葉で開き直り、私は大学を「ジャングルのようなものと見立てて運営しようか」と考えていたからである。ＦＯＲＥＳＴはもう使えない。でも、こういった行動指針の立て方は魅力的だ。違う標語で、京都大学に合ったものを考えようと私は思った。それから辞書を片手に何日も悩んだ挙句、ＷＩＮＤＯＷという言葉に行き着いた。これまでも私はたびたび「ゴリラは人間の過去をのぞく窓」とか、「動物園は野生の暮らしをのぞく窓」などと言ってきたし、「大学が社会や世界に通じる窓」というのはぴったりだと思った。「大学を窓と見立て、それを教職員が学生と一緒に開いて、学生諸君を社会や世界に送り出そう」というのは素敵なメッセージであり、大学全体の共有できる指針になるのではないか、と考えたのである。

四・京都大学ＷＩＮＤＯＷ構想

さっそく、ＷＩＮＤＯＷのアルファベットにちなんだ標語を考案した。私は総長選挙の際、「学生が大学の主役になるべきだ」という期待を述べていたので、最初のＷには学生への期待を込めたい。そこで、Wild and Wise（野生的で賢い）な学生を育てようという目標を冒頭に掲げた。以下、私が提案したＷＩＮＤＯＷ構想を読んでいただきたい。

京都大学が歩む指針として私はＷＩＮＤＯＷ構想を立ち上げました。大学を社会や世界に通じる窓として位置づけ、有能な学生や若い研究者の能力を高め、それぞれの活躍の場へと送り出す役割を大学全体の共通なミッションとして位置付けたいと思ったからです。大学の教育とは知識の蓄積と理解度だけを向上させるものではなく、既存の知識や技術を用いていかに新しい発想や発見が生み出されるかを問うものです。その創造の精神を教職員と学生が一体となって高めるところにこそ、イノベーションが生まれるのです。すべての学生が同じ目標に向かって能力を高めてもイノベーションには結び付きません。違う能力が出会い、そこで切磋琢磨する場所が与えられることによって、新しい考えが生み出されていくのです。京都大学は単に競争的な環境を作るのではなく、分野を超えて異なる能力や発想に出会い、対話を楽しみ協力関係を形作る場を提供していきたいと考えています。そういった出会いや話し合いの場を通じてタフで賢い学生を育て、彼らが活躍できる世界へ通じる窓を開け、学生たちの背中をそっと押して送り出すことが、私たち京都大学の教職員の共通の、夢であり目標であってほしいと思います。

その窓にちなんで、ＷＩＮＤＯＷという標語を作りました。
ＷはWild and Wise。すなわち野生的で賢い学生を育てようという目標です。現代の学生は内にこもりがちで、ＩＴ機器を常時持ち歩き、狭い範囲の仲間と常につながりあう傾向にあると言われています。そのため、自己決定ができない、ひとりよがりの判断でよしとする風潮が広がりつつあります。正しく、賢い選択をするためには、情報を正しく読み、自分ばかりでなく他者の知識や経験を総動員して自己決定する意思を強く持つことが必要です。大学キャンパス以外にもこうした対話と実践の場を多く設け、タフで賢い学生を育てようと考えています。
ＩはInternational and Innovative。国際性豊かな環境の中で、常に世界の動きに目を配り、世界の人々と自由に会話をしながら、時代を画するイノベーションを生み出そうとする試みです。海外の大学や研究機関、産学官民を通じた多様な交流を通じて、この動きを作り出そうと考えています。
ＮはNatural and Noble。京都大学は、三方山に囲まれた千年の都に位置し、自然や歴史の景観に優れた環境にあります。昔から京都大学の研究者は、これらの豊かな環境から多くの新しい発想を育んできました。これまでに９人のノーベル賞、２人のフィールズ賞をはじめとする多くの世界的な賞の受賞者を輩出し、西田哲学、霊長類学など世界に類のない新しい発想や学問を生み出してきたのも京都のこうした環境によるところが大きいと言えましょう。また、京都の市民も京都大学の学生に古くから親しみ、ときには教育的な配慮をもって接してきました。京都大学の学生の高い品格や倫理観は京都の自然と社会的環境によって醸成されてきたと思います。今後もこの伝統を受け継ぎながら、新しい時代に適合しつつそれを先導するような精神を培っていきたいと考えています。

DはDiverse and Dynamicです。グローバル化時代の到来で、現代は多様な文化が入り交じって共存することが必要になりました。これまで強みを発揮してきた日本の均質性は、国際競争が激化する現代ではときとして創造力を弱め、イノベーションの育成を阻んでいると言われます。京都大学は多様な文化や考え方に対して常にオープンで、自由に学べる場所でなければならないと思います。一方、急速な時代の流れに左右されることなく、自分の存在をきちんと見つめ直し、悠久の歴史の中に自分を正しく位置づけることも重要です。京都大学はそれを保証する静謐な学問の場を提供したいと思っています。

OはOriginal and Optimistic。これまでの常識を塗り替えるような発想は、実は多くの人の考えや体験を吸収した上に生まれます。そのためにはまず、素晴らしいと感動した人の行為や言葉をよく理解し、仲間とそれを共有し話し合いながら、思考を深めていく過程が必要です。自分の考えに行き詰まったり、仲間から批判されて悲観しそうになったりしたとき、それを明るく乗り越えられるような精神力が必要です。失敗や批判に対してもっと楽観的になり、それを糧にして異色な考えを取り入れて成功に導くような能力を涵養しなければなりません。京都大学にその機会をなるべくたくさん作るように環境を整えようと思っています。

最後のWはWomen and Wishです。これまで政府は男女共同参画社会の実現を目指し、数々の対策を奨励してきました。京都大学も学生の男女比率は2割を超え、事務職員・技術職員は6割近くになりましたが、教員はまだ6%に低迷しています。この比率は徐々に上昇すると思いますが、まずは女性が働きやすく、勉学に打ち込める環境作りが必要です。出産・育児休暇が取りやすく、それが仕事や勉学を継続する妨げにならないような仕組みや、女性に優しい施設づくりを考えていくつもりです。

このWINDOW構想に基づき、それぞれの理事に活動計画を企画してもらった。それをいちいち記すことはしないが、この構想が6年間維持されたことは私の考えがだいたいにおいて支持されたのではないかと思っている。それは事細かな数値目標からなる具体的な活動方針ではなく、京都大学が歩むべき道への私の考えであり、活動の内容はそれぞれの部局が練ってほしいという私の期待を表現していた。あえて付け加えれば、私は大学だけが教育・研究の場ではなく、もっと活動の場を広げるべきだと思っていた。それが、以下の「京都・大学キャンパス計画」である。

これまで京都大学は、病院経営、地場産業の育成、市民講座、高校生のための特別講座、小中高の出前講義など、多くの地域貢献を果たしてきました。しかし、それらの活動は各研究科や研究所などの独自の取り組みとして行われることが多く、重複があったり、職員の負担が年々増えたりしている一方で、全体としてきちんと評価されていないという現状があります。しかも、京都大学の学生がこういった活動にどれだけ参加しているのか、見えにくい状況でもあります。学生たちが地元の活動に積極的に参加し、企業や市民の目で社会や大学を眺めるようになることが、人格形成や将来の目標設定に重要だと思います。

　これらの事情を改善し、京都大学が一体となって地域と連携するために、私は京都・大学キャンパス構想を立ち上げました。世界の観光都市京都と連携して、京都府や市に散在している休眠施設等を活用し、学生と市民がともに参加して創造的な活動を楽しめるようなプロジェクトをたくさん作ろうということです。京都の大学には海外から多くの留学生がやってきますし、これからその数は増えるでしょう。しかし、これらの留学生が楽しく快適に暮らせる施設や企画が不足しています。残念ながら大学の中にそういったスペースはなく、外に求めざるを得なくなっています。また、学生たちはキャンパスにこもりがちで、京都にある貴重な歴史的遺産にあまり触れずに暮らしています。これから世界に羽ばたいていく学生にとって、これはもったいない状況だと言えるでしょう。京都には、廃校になった小中学校など、立地条件がいい歴史的な価値もある建造物がたくさんあります。これらの施設を再利用し、市民と学生が一体となって面白い取り組みをする。そのためには、芸術や宗教など京都大学にはない分野を持つ大学や団体と連携していく必要もあります。これから市や府、そして他大学や企業と図って連携を模索していきますが、そうした分野や大学の枠を乗り越えた活動を通じて、これまでにはないイノベーションが生まれると期待しています。

京都には40を超える大学があり、人口当たりの大学数としては日本のトップである。京都市の人口約150万人の一割が大学生で、そのうち留学生が約1万人もいる。その利点を生かさない手はない。すでに京都市には公益財団法人「大学コンソーシアム京都」があって、大学同士の単位互換制度や学生の採点などの活動支援、インターンシップ等、さまざまな協力関係が結ばれている。しかし、このコンソーシアムは学部生が中心なので、もっと大学院や若い研究者を対象として産官学連携ができないかと考えたのである。これはすぐには実現しなかったが、京都府や京都市と観光や国際活動などの連携協定を結び、京都大学の東京オフィスを東京駅前の新丸ビルに設置して、そこに京都の他の8大学と組んで京都アカデミアフォーラムを設立した。府知事と市長には、京都大学の経営評議会の評議員になっていただき、府や市の動きと歩調を合わせて活動の範囲を広げてきた。私自身が京都市動物園や京都市青少年科学センター、京都府植物園、京都水族館の連携活動の顧問となって、学びの場、創造の場を広げてきた。その成果は少しずつ実り始めているように思う。

第2章

国際化と日本の大学

一・京都大学の国際拠点

大学執行部の体制が整うと、次に京都大学の国際拠点の再編成にとりかかった。これまでに京都大学はロンドン（英国）、ハイデルベルク（ドイツ）、バンコク（タイ）に海外の拠点を設立していた。しかし、その活動内容がはっきりわからない。執行部の体制を一新してしまったので、旧執行部からきちんと引き継げていない。ハイデルベルク大学にはすでに京都大学のリエゾン・オフィス（さまざまな橋渡しをするための事務所）ができていて、近く京都大学にハイデルベルク大学のオフィスが立ち上がる予定になっている。まずは拠点を訪問して、今後の連携を確認しようということになった。

英国とドイツを連続して訪問したのだが、センター入試と個別入試のはざましか日程が取れず、厳寒期だったと記憶している。当時は大学の国際大学ランキングをどう上げるかといった課題が重要視されており、日本の大学は外国の研究者との共著論文が少ないので、共同研究をもっと進めるべきだという意見が出ていた。私も京都大学の海外との共同研究の実情を頭に入れ、京都大学の研究の強みをどう生かせるかと考えていた。

英国ではまず包括協定を結んでいるブリストル大学、続いてユニバーシティ・カレッジ・ロンドンとインペリアル・カレッジ・ロンドンを訪問した。いずれの大学もとても積極的に応対してくれて、京都大学との連携への大きな期待が伝わってきた。ブリストル大学とはいくつかの分野ですでに共同研究を進めており、その感触が伝わってきたのは大きな成果だった。ただ、どの大学も産学連携が進んでおり、京都大学との連携によってより大きな研究資金へのアクセスを可能にしたいと考えていた。ユニバーシティ・カレッジ・ロンドンとはすでに具体化したプロジェクトがあったが、なかなかこういったことはすぐには進まない。多くの課題を持ち帰ることになった。

英国滞在中、私は1日休みをもらって一人でケンブリッジ大学を訪問した。すでにオックスフォード大学で開かれた研究会には参加したことがあったが、ケンブリッジ大学はまだ知らなかったので知人の研究者が誘ってくれたのだ。ロンドンのキングス・クロス駅には、あの有名なハリー・ポッターが魔法学校へ行く際に、荷物カートとともに9¾番線に入り込もうとしている像が作られている。電車でケンブリッジまで約1時間。ケンブリッジの町はうっすらと雪が積もっていた。友人夫妻といくつかのカレッジをめぐり、学生たちと食事する部屋や談話室などを見学、コンサートホールや図書館、DNAらせん構造を発見したワトソン博士がよく議論していたレストランなどを見せてもらった。オックスフォードよりこぢんまりしていて、なるほど大学の街とはこういうものか、という思いを強くした。

続いて訪れたドイツのハイデルベルク大学とカールスルーエ工科大学はずいぶん趣が違っていた。ハイデルベルクは古い都市で人口14万人、市街地の真ん中をネッカー川が流れていて、京都の市街地を連想させる。山手に何と「哲学の道」があり、物理学研究所など最先端の研究施設が沿道に並ぶ。周知のように、京都大学の近くにも「哲学の道」がある。琵琶湖から引いた疎水の流れに沿う小道で、明治時代に多くの文人がこのあたりに住んだため「文人の道」と呼ばれたのがきっかけであるという。その後、京都大学の西田幾多郎《にしだきたろう》や田辺元《たなべはじめ》らの哲学者が散策し始め、「哲学の道」と呼ばれるようになった。この道を少し登れば法然院があり、京都の街を遠望できる。木々に囲まれた小道を歩いて自然との対話を楽しみ、人びととの日常を遠望する。そこがハイデルベルクと京都の「哲学の道」に共通な特徴だと思う。

旧市街の歴史的建造物の中にあるハイデルベルク大学本部の一角には、以前トラブルを起こした学生を反省のため留置した「学生牢」があり、京都大学のオフィスはその階下にあった。ハイデルベルク大学の学長の自慢は新しく設立した医学・生命科学・情報科学のキャンパスで、川向こうの広大な敷地を利用して学生寮や保育所まで完備していた。ハイデルベルク大学は伝統的に歴史学や哲学が有名であるが、時代の先端を行く学問に大きな投資をしており、この点は京都大学と似た特徴を持っていると感じた。

一方、カールスルーエ工科大学（KIT）はドイツのMIT（米・マサチューセッツ工科大学）と称され、工学系の研究が盛んである。カールスルーエの街も近代的な建築が並び、工業とともに栄えている新しい街という印象だった。ここでは産学連携が大きな関心事で、日本の企業ともいくつか大きな共同研究を実施している。その施設は工学的に美しく効率的にできていて、学生の実習室もデザイン豊かに作られていて広い。京都大学にも近年、工学部・工学研究科の桂キャンパスがオープンしたが、それに負けず劣らずの設備が完備している。とくに、大型コンピューターの装置は立派で、大量のデータを蓄積できるセクションが所狭しと並び、分析に供する体制が整っているようであった。担当者はまだまだこれからと言っていたが、情報解析に関わる大きな熱意と誇りを感じた。

こうして二つの国を視察した結果、京都大学と相性がいいのはドイツの大学という印象を強く持った。英国もドイツも大学はほとんど国立、州立であるが、英国の大学の授業料は日本の国立大学の3倍近い。英国とEUの学生の授業料は国が肩代わりをしてくれて、卒業後に一定以上の給与を得れば、その中から返却する。給与が低ければ返却義務はない。しかし、EU以外の留学生はそのさらに3倍の授業料を払わねばならず、その額は数百万円に達し、米国の私立大学と大差なくなる。国際大学ランキングは、こういった事情から英国の大学の授業料を払う英国とEU以外からの富裕な留学生を集めるために考案され、実施されたものだということがわかる。一方、ドイツの大学は原則として授業料は無料であり、EUに加盟しているどの国の学生でも授業を受けられる。日本の大学とも学生交流協定を結びやすい。しかも、英国の大学は外部資金を増やすために産学連携を柱にして共同プロジェクトを実施したがっている。これを安易に進めても、あまり京都大学に利点はない。

そう考えて、私はロンドンにあった拠点を閉鎖し、欧州拠点をハイデルベルクに統合することにした。そして、まだ拠点のない北米やアフリカ、さらにはオーストラリアへと拠点設立の可能性を探ることにしたのである。

二・総長として初めての卒業式、そして入学式

そうこうしているうちに、卒業式が迫ってきた。大学の総長の一番大事な仕事は入学式と卒業式の式辞である、と歴代の総長から私は聞いていた。

しかし、私は俗にいう「紛争世代」である。高校2年から3年にかけては、あの東大「安田講堂」の立てこもり事件があって、東大などいくつかの大学の入学試験が中止になり、私たち高校生もその勢いを得て全学集会をやったり、デモに参加したりした。バリケード封鎖を試みる学生もいて、ほとんど授業は中止になり、私たちは自主ゼミや勉強会を開いて社会や人生を語り合った。そのあおりで高校の卒業式は取りやめになり、卒業証書は自宅に郵送されてきた。私はその春に京都大学に入学したのだが、入学式や卒業式にその後も縁がなかった。だから、私には卒業式や入学式に臨む学生たちの気持ちが十分にはわからない。何を彼らが期待しているのか。どんなことを話せば、彼らの心に届くのか。学部長のころに数回、卒業式や入学式には出席した。式辞を読む総長の後ろでじっと座っていて、自分の学部の卒業生が証書を受け取るときに立って見守るのが学部長の役割だったからである。漢学に関心のある前総長はよく中国の故事から言葉を引いたが、私には漢

学の知識はない。世界の思想家が残した言葉もほとんど記憶にない。いまさら古典を勉強してもわざとらしいだけだ。

そこで私は、自分の言葉で語りかけようと考えた。京都大学には「対話を根幹とした自由の学風」という伝統がある。対話と自由は切っても切り離せないし、そこにこそ常識を破る創造が生まれる。それを何とか表現できないか。いろいろ考えあぐねた末に、私は対話の例を二つ引くことにした。

一つは明治時代に自由民権運動を展開した中江兆民の『三酔人経綸《けいりん》問答』である。洋学紳士と豪傑君、それにお酒の大好きな南海先生が、酒を酌み交わしながら日本の国際戦略を論じる。洋学紳士はフランス革命の理想とされた自由・平等・博愛の3原則を説き、軍備の撤廃を主張する。人間は四海同胞たるもの、万一強国に侵略されても、道義をもって訴えれば他の列強は放置するはずがないと言う。いいや、それは学者の書斎の議論だ、と豪傑君は反論する。現実の世界は弱肉強食、国家間の戦争は避けることができない。侵略を甘受せずに軍備を整えて大陸の大国に立ち向かうべしと主張する。南海先生はその二人の間に割って入る。双方の説は極端で机上の空論や過去のまぼろしに過ぎない。国内においては立憲制度を設けて人民の権利を守り、世界に対しては各国の民主勢力と連携を図り、武力をふるってはならないと説くのである。洋学紳士も豪傑君も南海先生の議論の平凡さにあきれ返るのだが、南海先生は国家百年の大計を議論するのに奇抜な発想などできるはずがない、と言って頑として譲らない。この三酔人はそれぞれ中江兆民の分身と思われ、兆民は三人問答の形式を取って議論の向かうべき道を示したわけである。

もう一つは霊長類学という新しい学問を創った今西錦司が1952年に出した「人間性の進化」という論考である。進化論者と人間、サル、ハチが登場してそれぞれの意見を述べ合う。本能によって生活している動物は行動の目的を知らないが、カルチュアによって生活している人間は、いちいちその行動の目的を知っている。ここに動物と人間の違いがあるとされるが、どう思うかと進化論者が問いかける。サルは、「チンパンジーは天井から吊り下げられたバナナを取るために箱を積み重ねるのだから、目的をわかって行動している」と反論。すると人間は、「目的ではなく、ゴールに到達しようとして努力するのが人間だ」と切り返す。ハチは、「カリウドバチが獲物を穴倉の巣にしまいこんで卵を産み付けるのは、幼虫とその食物の安全さを確保するために予想して行動したように見える。ただし、これは本能であってカルチュアとは言えない」と主張する。今西は、いかに私たちが勝手に人間の行動を特別視しているかを議論の形で示したのである。

このように、さまざまな視点に立った議論を展開するのが対話の面白さであり、それが自由な発想につながる。要は自分の主張にこだわらず、相手の意見を汲みながら、自分にも相手にもない発想を新しく紡ぎだすことである。それは一見平凡に見えても、『三酔人経綸問答』のように是か非かを問うような極端な議論に水を差し、原点に返って広く問い直す態度につながる。また、ときには人間以外の動物の立場に立って世界を眺めることも、この地球で起きていることを評価するには重要である。ダーウィンは家畜や栽培食物の形態変化から進化論を発想し、環境からの影響を重視した。今西はそこに野生の生物の視点を入れて、生物の主体性を重んじる新たな理論の構築を提唱した。そこには常識にとらわれない広い視野が開けている。

続く入学式では、学生のころに読んで感動を覚えた英国の詩人トーマス・エリオットの「荒地」という詩を取り上げた。それは、1月に訪れた英国の冬が強く印象に残っていて、春の目覚めが英国と日本の冬の違いに大きく影響を受けていると感じたからである。

私は冒頭の部分を、

April is the cruellest month, breeding
Lilacs out of the dead land, mixing
Memory and desire, stirring
Dull roots with spring rain.
Winter kept us warm, covering
Earth in forgetful snow, feeding
A little life with dried tubers.

4月は残酷な季節
死んだ土地からライラックの花を咲かせ
思い出や期待を混ぜ合わせ
のろのろした根を春の雨でかき乱す
それまで冬は私たちを温かく包み
大地を忘却の雪で覆い
干した根茎類でささやかな暮らしを養ってくれた

（訳・山極寿一）

と英語で朗読した後、こう続けた。

この詩は第一次世界大戦の後に書かれ、引用したのは西洋文明の病んだ姿と人間社会の荒廃をWaste landになぞらえて描写した冒頭の部分です。英国にも日本と同じような四季があります。多くの詩人は4月を生気に満ちた明るい季節として歌いあげるのですが、エリオットは「荒々しく無情で残酷な季節」と詠んだのです。長い間、私はその情景がよくわかりませんでしたが、この1月末に英国を訪問し、その冬の有様を体験して、おぼろげながらこの詩の背景が見えたような気がしました。

　ロンドンから車でブリストルへ、ふたたびロンドンへ戻った後、ケンブリッジへと電車で向かったのですが、風景にほとんど緑がなかったのです。木々はすべて葉を落とし、牧場は枯れ草で茶色に染まり、冷たい雨が途中で雪に変わりました。しかも、私が驚いたのは一面に吹き渡る風の強さです。途中でストーン・ヘンジという奇妙な環状列石のある場所へ立ち寄りました。ここは紀元前8000年の昔から人びとが住み着き、自然の脅威を克服しながらその恵みを糧とし、さまざまな文化を発展させてきた場所です。私は、立っていられないほどの強風にあおられ、寒さで顔を硬直させながら、昔の人びとはいったいどうやってこの寒風を凌いだのだろうと思いました。ミュージアムの脇に古い住居が復元されていましたが、それは頑丈な木を組み合わせ、強靱な土壁で強風を防いで火を焚き、中で冬芽のように人びとが閉じこもる作りになっていました。英国の人びとがやがて石造りの家を作るようになった気持ちがわかるような気がします。冬は石の壁で寒風を遮断し、暖炉の火に照らされながらさまざまな思いを紡ぐ季節なのです。

しかし、日本の冬は違います。日本列島は南北に長く、亜熱帯の植物が茂る沖縄から流氷に見舞われる北海道まで多様な気候の下に人びとは暮らしています。深い雪に閉ざされた地域では、冬は英国のように炉辺《ろへん》で人びとが手仕事や話に興じる季節でもあります。しかし、まるで背骨のように続く山脈が列島の中央にそびえるために、強い風に見舞われることは少なく、暖流が洗う海岸部では常緑樹が発達していて冬にも葉を落としません。ナンテン、マンリョウなど冬に実をつける木々もあり、多くの鳥たちが舞い降ります。冬の只中に正月や節分の賑やかな行事があり、華やいだ気分を人びとに運びます。そして、啓蟄を迎えて草花が顔を出し、虫たちが活動を始める3月という助走の時期をはさんで、桜が満開の4月を迎えるのです。こうした自然の織り成す季節の綾は、人びとの心やその形である文化に大きな影響を与えてきました。それを、かつて京都大学で教鞭をとった哲学者・和辻哲郎は風土という言葉で表現しました。日本の思想や文化は、この多様な気候を背景とし、穏やかで鮮やかな色が織り成す自然の下で育まれてきたのです。

私が言いたかったのは、世界にはいろんな4月があるということであり、その風土の違いの中で多様な感性が育まれ、芸術や学問として花開いてきたということである。大学はその特殊性と世界の広がりに気づき、自分の位置をさまざまな視野から眺める機会でもある。それを体験するために、大学という窓から羽ばたいてほしいと思ったのだ。

もう一つ紹介したのは、私が大好きな谷川俊太郎の詩であった。これも私が学生時代に出会った、「朝」と題する詩である。

また朝が来てぼくは生きていた
夜の間の夢をすっかり忘れてぼくは見た
柿の木の裸の枝が風にゆれ
首輪のない犬が陽だまりに寝そべってるのを

百年前ぼくはここにいなかった
百年後ぼくはここにいないだろう
あたり前な所のようでいて

地上はきっと思いがけない場所なんだ

いつだったか子宮の中で
ぼくは小さな小さな卵だった
それから小さな小さな魚になって
それから小さな小さな鳥になって

それからやっとぼくは人間になった
十ヶ月を何千億年もかかって生きて
そんなこともぼくら復習しなきゃ
今まで予習ばっかりしすぎたから

今朝一滴の水のすきとおった冷たさが
ぼくに人間とは何かを教える
魚たちと鳥たちとそして

　ぼくを殺すかもしれぬけものとすら
　その水をわかちあいたい

　私はこの詩に、悠久の宇宙と、生物の世界と、そして人間の歴史を感じると述べた。時空間を広げてみると、世界は大いなる不思議に満ちている。それに気づくことが、そしてそれを知ろうとする営みが学問の出発点であり、その世界で学生諸君が遊び、楽しむことを願ったのである。

　以後、私は入学式の式辞で必ず私の好きな詩を紹介することにした。

三・世界の大学事情

　2015年の6月にドイツのハンブルクで開かれた学長会議には、オーストラリアをのぞく4つの大陸の28カ国39の大学機関から学長が集まった。私にとっては初めて世界の大学事情を知る機会となり、近年のグローバルな動きの中で世界の大学は日本と同じ問題を抱えていることを痛感させられた。

　大学が直面しているのは、高等教育は社会のためにあるのか、それとも個人のためにあるのか、という問いである。多かれ少なかれ、市民は次世代を担う若者が高等教育を受けるのを支援している。税金から教育費として国、県、市からの運営費交付金になる場合、個人の授業料として直接払われる場合、個人や企業からの投資や寄付金となる場合もある。それは、高等教育が未来の社会を支えてくれる人材を育成するという期待があるからである。しかし、社会とはどの範囲を指すのか、人材とはどういった能力を指すのか、それがはっきりとは定義されていない。

グローバリゼーションが加速するなかで、各国の大学は多くの留学生を受け入れるようになった。もはや大学はその国を支える人材だけを育成する場所ではない。人材とは国際的な舞台でリーダーとして活躍する能力を指すのか、さまざまな分野をつないでイノベーションを引き起こす越境的な能力を指すのか、それぞれの分野で引き継がれる高度な思想や技術を支え発展させる能力を指すのか、多様な考え方がある。大学はそのすべてに応えることが求められている。

この会議によると、世界の主要な大学は3つの異なる設立の歴史がある。

ヨーロッパの大学は歴史の古い大学が多く、最古の大学は11世紀に創立されたイタリアのボローニャ大学で、13世紀までにフランスのパリ大学、英国のオックスフォード大学やケンブリッジ大学、ポルトガルのコインブラ大学などが設立されている。伝統的に教養のある貴族や市民を育てることが目的であった。ドイツのように、職業訓練校は大学とは別にあることもあり、大学に進学する資格をバカロレア（フランス）やアビトゥワ（ドイツ）のように国家試験で取得する国もある。そもそも大学は、ボローニャでは学生の組合として教師を雇って学びの場を作ることから始まっており、パリでは教員の組合として出発した歴史がある。つまり、学問を通じて教養を高め、社会をより良いものにしようとする市民の自主的な活動の場であったのだ。それがしだいに、国が責任を負うという意識が強まり、授業料を免除して若い世代に広く高等教育を受けさせようとする風潮が広がった。

1999年にはEU諸国を中心にボローニャ宣言が出され、47の加盟国のどの大学でも同レベルの学位が認定されるようになり、学生は単位互換制度によってどこの国でも学位が取得できるようになった。この目的として掲げられたのは、広範で質が高く進んだ知識基盤が整備され、安定して平和的で寛容なコミュニティとして発展できること、質の高い高等教育を求めて多くの国からヨーロッパに学生が集まること、などであった。

しかし、大学が何のためにあるのか、という定義をめぐって国ごとに違いがあり、ドイツのように学問や研究を主眼とする国から、英国のように職業訓練も含めて個人の能力を高めることを目的とする国までさまざまであることから、カリキュラムを標準化するのが難しいといった問題も指摘されている。さらに、EU諸国は原則として授業料が無料になるが、最近は経済的な理由から授業料を徴収し始めている大学もあり、学生が国を超えて移動しにくくなっているとも言われている。

北米の大学はヨーロッパの思想を受け継いでいるが、市民や企業の資金を集めて作られており、目的は多様で職業訓練のための大学も多い。最も古い大学は独立前の17世紀に創立されたハーバード大学で、理事会や学長の力が伝統的に強い私立大学が主体であった。19世紀まで教員の給料は安く、簡単に解雇されないために教員たちが組合として大学教授協会を結成し、テニュア制度（教授としての終身在職権）を確立したと言われている。高等教育は個人の能力（道徳、知性、作法、知識）を高めるためといった考えが強く、授業料は高くて個人負担が原則だが、国や州からの支援も手厚い。現在、米国には約4800の大学やカレッジがあり、そのうち研究大学と呼ばれるのは100程度である。コミュニティ・カレッジと呼ばれる州立の短期大学には、高校卒業あるいは18歳以上なら誰でも入学できる。また、カレッジボード（大学入試センター）が主催するSATと呼ばれる標準テストで一定以上の成績があれば、州立大学の入学を許可される。さらに、ハーバード大学やスタンフォード大学などの名門大学には、約1割の縁故入学や金銭入学も許されていて、名門や大金持ちの家の出身者が正規の学生として学んでいる。ただ、最近はどこの大学も授業料を値上げしており、学生たちはローンで授業料を払うものの、その返済に苦しんでおり、国の大きな社会問題となっている。

アジアの大学で最も古いのは、三国時代の呉が258年に開設した「太学」で、これが現在の南京大学と言われているが、継承されているかどうかはよくわからない。大学という名称で最も古いのは17世紀に創立されたフィリピンのセント・トーマス大学で、カトリックの聖職者を養成する目的の私立大学だった。その後、19世紀から20世紀にかけてアジアに創立された大学は、北京大学、マラヤ大学、シンガポール大学、ソウル大学など官僚を養成する国立大学であり、いずれも国のためという意識が強い。官僚になれば身分は安泰で親族にもさまざまな恩恵がおよぶ。そのため、大学に入学することは出世のための登竜門であり、古くから受験競争は苛烈だった。授業料は国が負担するが、官僚になるための国家試験も厳しく、大学生には高い教養が求められた。

しかし、20世紀の後半からグローバリゼーションの波を受けて、これらの大学システムは変革を余儀なくされるようになった。その原因は、大学入学者の急増と国家財政の悪化である。1960年に1300万人だった世界の大学生は、2008年には1億5000万人まで増加した。それに伴い、大学は少数のエリートを養成する場所ではなくなり、さまざまな能力を養成する教育機関に分化し始めた。また、金融市場が世界に広がり、財政を悪化させる大国が相次ぎ、国の資金で高等教育を担うことが困難になった。ヨーロッパでは授業料を国による学生ローンにして、就職後に給料から天引きする制度が作られるようになった。

この流れに乗って世界を席巻し始めたのが、北米式の大学運営である。企業や個人の投資や寄付によって大学が自己資金を集め、その運用利益で運営費を調達する。資金の運用を図るプロが大学に雇用され、経営にも企業から出向して参加する。米国の大学の多くは私立大学で、こういった企業型の運営方法を実施している。研究型大学の筆頭であるハーバード大学は3兆～5兆円の自己資金を持ち、約1割となる運用利益を年間の大学運営費に充てている。授業料も高く、それを支払う能力のある学生を呼び込むとともに、授業料免除枠を設けて優秀な学生を世界から集めている。この企業型運営方法は急速に世界へ広がり、アジアやヨーロッパでも自己資金を増やす大学が続出している。資金を得るためには大学が評判を高める必要があり、世界の大学ランキングはこういった背景によって登場したといっても過言ではない。

ランキングでトップを占める大学が英語圏にあるのも、至極当然の成り行きである。英国にしても米国にしてもランキング上位にいる大学は授業料が高い。とくに、英国の大学は留学生には通常の3倍の授業料を払わせている。21世紀の初めにTHE（Times Higher Education）とQS（Quacquarelli Symonds）が世界の大学ランキングを発表した直後に授業料の値上げを敢行した。その結果、当時は大学の年間予算の10％ほどだった授業料収入が最近は50％を超えるまでに膨れ上がったのである。これは、当時のブレア政権による財政改革の一環だったと思う。それに米国の私立大学は便乗したのである。

ハンブルクで3日間にわたって行われた学長会議で、私は世界の大学が商業化の波に大きく流され始めていることを知った。そこでの私たちのテーマは、「アカデミック・フリーダム」（学問の自由）と「ユニバーシティ・オートノミー」（大学の自律）をどうやって守っていくかであった。あるフランスの大学の学長が、「国際大学ランキングというのはまさに病気だ」と吐き捨てるように言ったのが、私の印象に残っている。

第3章

日本の大学改革

一・日本の大学設立の経緯

これらの世界の大学と比較すると、日本の大学事情は少し異なっている。日本は19世紀後半にドイツのフンボルトの思想を取り入れて国立大学を作ったが、儒教の影響も強く、教養の高い市民を育てると同時に、国を支える官僚を養成する目的もあった。また、明治維新以来、日本は富国強兵政策をとって欧米に追いつき追い越せという掛け声の下に大学を作ったので、実学を重んじる風潮が強かった。

1877（明治10）年に創立された最初の国立大学の東京帝国大学にも、文学部、法学部とともに理学部と医学部が同時にできているし、9年後には工科大学が併設されている。

1897（明治30）年に創設された第二の国立大学の京都帝国大学でも、最初に設置されたのは理工科大学であり、神学、歴史学、哲学、法学の伝統が強いヨーロッパの大学とは設立の趣意が大きく異なっていたと言えよう。また、福沢諭吉による慶應義塾大学（1858［安政5］年）、新島襄による同志社大学（1875［明治8］年）、大隈重信による早稲田大学（１８８２［明治15］年）、など19世紀に創立された私立大学もあるが、これらは１９２０［大正９］年の大学令によって帝国大学と同じ資格を得て大学となった。さらに、日本には１９２１年に創立された京都府立医科大学や１９２８（昭和３）年の大阪商科大学（のちの大阪市立大学）をはじめ、多くの公立大学ができた。やがて、全国に高等教育を普及させる必要性が高まり、第二次世界大戦前後に47都道府県すべてに国立大学が設立された。

第二次世界大戦後は１９４７（昭和22）年制定の学校教育法に基づき、戦前の旧制大学、旧制高等学校、師範学校、高等師範学校、大学予科および旧制専門学校が４年制の新制大学として再編された。これらの大学は各種の資格取得を目的とする専門学校とははっきり区別されており、たとえ特別な分野の教育研究に特化する大学（芸術、外国語、教育など）であっても総合的な基礎・教養教育が不可欠とされている。しかし、私立、公立、国立という財政基盤の異なる組織に分類されていまに至っており、それが大学の運営を複雑にし、連携を難しくしている原因とも言える。

たとえば、国立大学の年間予算は文科省から支給される運営費交付金が３分の１から半分以上を占めており、私立大学へ支給される私学助成金はその13分の１で、私立大学の予算は学生納付金が7割から8割を占める。公立大学の予算は都道府県や市から支給されるので知事や市長の采配によるところが大きい。そのため、高等教育の実施に文科省が大きな影響力を持っていても、私立大学は建学の精神を固持するし、公立大学は地域の首長の指示に従おうとするため、文科省が実際にコントロールできるのは国立大学のみとならざるを得ない。それが近年、国立大学に対して国の風当たりが強くなった原因だと私は思う。

そもそも、日本の大学も欧米と同じく、最初は官僚や実業界のリーダーといったエリートを養成する目的で作られた。明治時代の大学進学率は1%以下であったし、第二次世界大戦前まではせいぜい10%前後だった。それが、戦後の急激な人口増加によって大学進学率は急上昇し、短大を含めた大学進学率は1970年代に30%を超え、2004年には50%に達した。大学は少数のエリートを養成する機関ではなくなり、社会へ出るための基礎的な教養や知識を積む場となったのである。これに伴い、大学の数は急増し、とくに平成になってから私立大学は240校も増設された。2020年の時点では795もの大学があり、そのうち私立大学は615校で約8割、国立大学は86校、公立大学は94校である。

学生数の増加に伴う国の財政負担増加を軽減するため、国立大学の授業料は段階的に引き上げられた。1970年に私が京都大学に入学した当時、年1万2000円だった授業料は2005年には53万5800円に値上がりし、「標準額」としてはそこで上げ止まりになっている。私立大学の授業料は現在平均して国立大学の約1・5倍だが、この50年間に約4・5倍にしか増えていないことと比べると、国立大学の45倍の値上げは極端である。国が国立大学への財政負担をなるべく減らそうとしてきたことがわかる。

さらに、国の財政から国立大学を切り離そうとしたのが、2004年の国立大学法人化であった。国立大学の民営化は1996〜98年の橋本龍太郎総理の時代に議論が始まり、2001年に就任した小泉純一郎総理の時代に一気に進んだ。民営化を強行しようとした総理に対して、国立大学協会や当時の遠山敦子文部科学大臣が何とか押しとどめて法人化したと伝えられている。その結果、運営費交付金が効率化係数（大学改革促進化係数）として毎年1〜1・3%ずつ削減され、下げ止まった12年後の2016年には2004年比で1400億円減に達し、どの大学でも運営費交付金だけでは人件費を賄えなくなり、教職員の定員削減をせざるを得ない状況に追い込まれた。実は国立大学の法人化を国会で決議する際、「国は、高等教育の果たす役割の重要性に鑑み、国公私立全体を通じた高等教育に対する財政支出の充実に努めること。また、高等教育及び学術研究の水準の向上と自立的な発展を図る立場から、地方の大学の整備・充実に努めること」という附帯決議が衆参両院とも行われている。毎年のような運営費交付金の削減はこの附帯決議に違反するものであるし、法人化のねらいは国立大学の自律的な運営を推進するというよりは、国の財政負担を軽減することであったと思わざるを得ない。

文部科学省の高等教育政策は、それまでも国立大学に多くの改革を要請してきたが、法人化以後はさらに財務省や産業界からの強い圧力を受けて大規模な大学改革に乗り出すことになった。

二・大学改革は大学院重点に

日本の18歳人口がピークに達したのは1992年で205万人、短大を含めた大学進学率は38・9%だった。このピークへ向けて18歳人口も進学率も急上昇を示し、彼らを受け入れるために大学の数も学部の数も急増した。そのほとんどは私立大学であったが、その背景には日本の産業界の変化があったと考えられる。これはヨーロッパの大学進学率の上昇でも言われていることだが、海外に大量の安い労働力が得られることを知った企業は次々に工場の海外移転を始めた。それまで金の卵だった中卒や高卒の労働者の時代が終焉を迎え、イノベーションを起こすために高度な専門知識と技術が必要となった。大学進学率の上昇はこうした動きに取り残されそうになった若者の失業対策と、知識と技術の高度化だったというわけである。

１９８７年に出された臨時教育審議会（臨教審）の高等教育に関する第4次答申は、規制緩和を進め、高等教育への民間の参入を自由化し、競争を通じた質の向上を図ることを記している。１９９１年の大学設置基準の大綱化はその具体的な対策であったわけだが、果たしてそれが正解だったかどうか、いまとなっては疑わしい。

大綱化によって、一般教育・専門教育の区分の廃止と教育課程編成の自由化が起こり、多くの国立大学が教養部を廃止し、専門教育を前倒しするようになった。その結果、基礎・教養教育がおろそかになり、高校教育をよく理解する教員がいなくなって、入試を含む高大接続がうまく機能しなくなった。私が勤務していた京都大学でも、その後全学の協力の下に国際高等教育院という基礎・教養教育を担う組織を編成し直すのに10年以上の歳月をかけた。

また、一定の要件が満たされれば大学・学部の新増設や定員増がほぼ自動的に認可されるようになり、私立大学が爆発的に増加し、学部・学科が新しく増設されるようになった。学士が一本化されて、各大学が分野を付記するように学位規則が改正され、多様な教育研究組織ができて100をはるかに超える学位名が生まれた。これは、社会が多様化して働く場所が複雑化したことにもよるが、新設の大学が新しい魅力的な学部を作り、既存の大学でも学生を募集するために学部や学科を競って新設したことによる。大学の粗製乱造を防ぐために大学評価システムが導入されたが、それが正しく機能したかどうかは疑わしい。私は文科省の大学設置審議会の委員を務めたことがあるが、このころ新設された大学には専門学校と区別がつかず、教員と学生の待遇にはなはだ問題があると感じられたものもあった。大学には教員が教育・研究を行えるスペースが用意されていなければならないし、学生には基礎と教養を広く学ぶ機会が与えられなければいけない。それが十分ではなく、まるで会社のように作られていたり、図書室や運動場がほとんど整備されていないことがあったりしたのである。しかし、それらの不備を咎める基準ははなはだ緩く、私は大学教育の劣化がとても気になったことを覚えている。

そして、何より教養教育が弱体化したことは大綱化の最も大きな弊害であろう。東京大学以外の国立大学はみんな教養部を廃止し、新しい学部を作ってその上に大学院を新設して2階建てとした。京都大学も例にもれず、旧教養部のポストを使って総合人間学部を新設し、人間環境学研究科という大学院を乗せた。このとき、旧教養部のポストの一部は他の学部に流れ、たとえば数学のポストは理学部に吸収された。教養部の代わりに全学共通科目ができて、全学の教員がそれを担うことになったが、旧教養部のポストにはその担当授業が他の学部より多く貼りついていたので、のちのちまでそれが負担の格差として問題になった。教養部は他の部局と違い、新入生を相手に名講義を実施するユニークな教員がたくさんいた。たとえば、森毅《もりつよし》さん（1928〜2010）は数学教員だが哲学的な問いを学生に出すことで人気があり、京大の顔になっていた。教養部の教員は高校生の学びをよく知っており、彼らが高校とはまったく違う大学の学びに慣れるように数々の工夫をしてきた。そういった教員が姿を消し始めたのは大学にとって大きな損失だったと思う。

それに追い打ちをかけたのが大学院の重点化である。それまで国立大学は学部が基本で、教員は学部に所属していた。年間予算の積算校費は学生数を基準にしていたが、大学院生は学部生の25％増となっていた。そこで、予算増を見込んで学生定員を大学院生に振り替え、教員を大学院の所属としたのである。東京大学を皮切りに旧帝国大学が次々に大学院重点化を行った。やがて予算措置がつかなくなったが、その後も大学院重点化が相次ぎ、教員の意識から学部の存在が薄くなった。このことは、産業界の高度技術化や、後に述べるように企業の中央研究所の廃止に伴い、大学院での人材育成が嘱望されるようになったことと連動している。しかし、大学院の重点化によって教養・基礎教育がおろそかになり、学部を大学院の準備段階と見なすような風潮が生まれたことも事実である。

このころは、学部を持たない工学系、情報学系、生命科学系などの大学院が次々に新設された。また、附属研究所や附属センターも新設されて、大学院生を受け入れるようになった。新しい学問の登場によって必須とされるものばかりであったが、学部生を持たないので、これらの部局は続々と大学院生の勧誘に、学部の授業に参入し始めた。これは専門教育の前倒しになり、早いうちから世界先端の研究に触れることはいいことでもある反面、教養・基礎教育がおろそかになる危険もはらんでいた。そのため、京都大学では学部を持つ研究科が基幹講座を持ち、他の研究科や研究所、センターは協力講座として参加してもらい、カリキュラムはあくまで基幹講座の趣旨に沿うものとした。ただ、提供科目数が多くなって、学生たちに履修指導をしなければならなくなったことが教員の負担となった。学生が興味のおもむくままに分野を超えて授業をわたり歩くような京大の自由な学風が、そこなわれると危惧したものである。

三・産学連携という幻想

大学院重点化に連動して文科省が採った政策が、「ポスドク1万人計画」である。1996~2000年度にかけて5カ年計画で、研究の競争的世界で活躍できる博士号取得者を1万人創出する目的だった。博士号を取得してもすぐにポストが得られない研究者、いわゆるポスドクを雇用する資金を供与したのである。これは、その前年に公布された科学技術基本法に基づき、第1期科学技術基本計画として実施されたものであるが、私は違う背景があると思っている。

それは、バブルが崩壊して日本の企業が一斉に中央研究所を廃止し、修士や博士の学位を持った研究者が就職先を失ったからである。

それまで企業の中央研究所はイノベーションを起こし、世界の先端を行く技術を生み出す中心的役割を果たしてきた。これは欧米の企業も同じで、リニア・モデルと言われ、一企業がその分野の基礎研究、応用研究、技術や製品開発、市場拡大を一手に担い、世界を席巻しようとする戦略である。自動車業界などを中心にリニア・モデルは隆盛を極め、とくに米国の企業はあらゆる分野で大成功を収めた。しかし、第二次世界大戦後に戦略の見直しを迫られた各国企業は、基礎研究がほとんどイノベーションや新しい製品開発に結びついていないことを知って、基礎研究の切り離しを始めた。その震源地になったのがシリコンバレーである。

サンフランシスコのベイ・エリア南部に位置するこの地域は、もともと豊かな農業地帯であった。1955年に、それまでベル研究所でトランジスタの開発に関わり、ノーベル賞を受賞したウイリアム・ショックレーが半導体開発の研究所を設立した。それがもとになって70年代までに19社の半導体関連企業がこの地で創業し、半導体の材料であるシリコンの名をとってシリコンバレーと呼ばれるようになった。その中心となったのがスタンフォード大学である。この大学はアメリカの有名校としては歴史が新しい。1891年の創立で、東部にある人文科学中心のハーバード大学やイェール大学とは異なり、最初から工学部を設置して実業を重視した大学だった。戦後まもなくスタンフォード大学は広大なキャンパスに工業団地を設立して、企業との連携を強め、学生の起業を奨励するようになった。このとき始まったのが、起業を支援するベンチャーキャピタル、エンジェル投資家、会計事務所、法律事務所などのネットワーク作りである。それが強力なエコシステムを形成してシリコンバレーを世界に知らしめるようになった。

注目すべきは米国政府の対応である。シリコンバレーの成功を重視した米国政府は1980年にバイドール法を公布して、公的な資金によって開発した技術であっても大学や研究者が特許を取得できるようにした。これは、1970年代の後半に米国経済の国際競争力が低迷したことの解決策として講じられたもので、政府資金による研究開発の事業化が促進され、ベンチャー企業が続々と生まれた。さらに、1982年にはSBIR（Small Business Innovation Research）制度を立ち上げ、ベンチャーを中心とする中小企業に多額の支援資金を配布した。このとき重要だったのが、テーマにおいて省庁の調達ニーズや政策課題に基づく課題設定型とオープン型を併存させたことで、この制度を運用する過程で各省庁に科学技術に精通した多くのプログラムマネージャーが育った。これらの仕組みが大いに功を奏し、スタンフォード大学は2010年までに6000社に上るベンチャー企業を立ち上げている。

シリコンバレーの成功によって、ヨーロッパの企業や政府もリニア・モデルを放棄し、中央研究所を一斉に廃止して新たな産学連携の取り組みを始めた。ドイツのフラウンホーファー研究機構は第二次世界大戦後にミュンヘンで立ち上がった応用研究中心の研究機関である。1970年代の中盤にこの組織改編が行われてフラウンホーファー・モデルが作られ、中央政府と州政府の資金援助を受けるものの、半分以上の予算を産業界からの委託研究や政府のプロジェクトから得るようになった。いまでは75の研究所が各地域の大学のそばに作られ、もっぱら中小企業と大学の研究者が協働して技術開発や製品開発を試みている。学生の参加も奨励され、大学院生は有給で研究に従事している。

これに対して、わが国の産業界と政府はどんな対応をとったのか。残念ながら、バブル崩壊の1995年までリニア・モデルに固執し続け、中央研究所を手放さなかったのである。それは、1960年代、1970年代の高度成長期にリニア・モデルが大成功を収めたことに理由がある。戦後復興への機運の高まりと猛烈社員の獅子奮迅の働きによって、日本の経済はうなぎのぼりに上昇した。1979年には米国の社会学者エズラ・F・ヴォーゲルによって『ジャパン アズ ナンバーワン：アメリカへの教訓』という、戦後の日本の経済成長と日本的経営を高く評価する本が出たほどである。しかし、日本の企業はこの成功経験に酔い、1980年代に低成長時代に入ってもリニア・モデルを最善の方法とし続けた。

その結果、産学連携は実現せず、産業界は大学を人材供給の場としか見なさなかった。4月一括採用、年功序列、終身雇用という企業の雇用システムが定着し、研究者も含めて社員は入社してからさまざまな研修を通してそれぞれの企業が育てることが慣習化した。産業界は大学に特定の能力の育成を期待せず、4月に一斉に入社した後に業績に応じて段階的に給与を上げる方式を採用した。そのため、学生たちは大学で能力を磨くことより、有名企業に入るための道を模索するようになり、体育会やサークルのOB、OGを通じて在学時代から内定を得る仕組みができた。さらに、リクルートなど就職をあっせんする会社が登場し、大学の3年次からは学生が就職活動に奔走するようになった。いまでもこの体制は色濃く残っており、日本の産業界は理工系の大学院生ですら修士課程までの学生しか求めず、総じて博士の学位を持つ学生の採用をためらう風潮がある。

一方、大学も1960年、1970年代の紛争時代に拒否反応を示した産学連携になじめず、たとえ博士の学位を取っても、産業界へ就職する研究者は二流だという考えが漂い続けた。そのため応用研究が根付かず、基礎研究で名のある国際学術誌に論文が掲載されることが教員の業績と見なす傾向が強かった。それが、大学院重点化によってさらに強化され、研究型大学では大学院に入って一人前と考え、学部の教育をその準備と見なす空気が色濃くなった。とくに、学部を持たない研究所や研究センターでこの傾向が強かったように思う。この空気を受けて、学生たちも学部卒で就職する者は卒業に必要な単位をいかにたやすく取得できるかに執心し、学生時代はサークル活動や旅行を楽しみ、課外活動や恋愛をして社会人としての生活に備えるといった文化が定着した。また、大学院重点化で学生定員を増やした大学は、他大学からの学生を多く受け入れるようになり、学部と大学院とは別の学生気質に支配されるようになった。

バブルの時代、産業界も政府も日本の経済成長に大きな自信を持っていた。しかし、それがあだとなって改革が遅れた。1991年から1995年にかけてバブルが崩壊し、産業界は自らの失敗に気づいて財政の立て直しを図るために中央研究所を一斉に廃止し始めた。その影響はすぐに出て、産業界の物理や化学の論文数が急激に落ち始めた。「ポスドク1万人計画」はその危機を救う策だったのである。しかし、政府の対策は手遅れで、産学連携を通して技術開発や製品開発につながる基礎研究や応用研究を大学に任せる仕組みは整っていなかった。日本版バイドール法（政府から研究委託された研究者が特許権を取得できる）ができたのも日本版SBIR制度が施行されたのも1999年で、米国より20年も遅れている。しかも、日本のSBIR制度は弱小の中小企業の倒産を防ぐ効果はあったものの、ベンチャーの育成にはほとんどつながらなかった。

昨今の大学改革の遅れを合唱する政府と産業界には、欧米の産学連携の動きに対する誤った判断と失政が隠されている。これを大学だけのせいにして改革を押し付けるのは、はなはだ迷惑な話だと私は思う。国立大学法人化は、こういった背景の下に実施されたことをよく頭に入れておく必要があるだろう。

四・国立大学法人化は失敗だった

すでに述べたように、2004年の国立大学法人化は、国家の財政から国立大学の負担をなるべく切り離そうとする政策だった。法人化が始まってすぐに、運営費交付金が毎年1~1・3%ずつ削減され始めたことがその証左である。民営化の動きは1990年代に起こっていたし、国立大学を自律的な経営体にするための準備は21世紀になってすぐに始まっていた。

まず2000年には、学位授与機構に評価業務が追加されて、大学評価・学位授与機構に変更された。2001年には文部省に科学技術庁が統合されて文部科学省となり、大学に科学技術の成果を求める動きが強くなった。2002年には工場等制限法が撤廃されて、大学の新設や増設が可能になり、株式会社が大学を設立することも可能になった。設置基準が緩和されて審査内規が廃止され、変更のない組織改編は事前の届け出だけで承認されるようになった。その代わりに導入されたのが「競争」と「評価」であり、補助金を手形にして政策誘導を図るとともに、第三者機関による認証評価制度が設置された。

このような準備段階を経て実施されたのが国立大学の法人化だった。法人化で謳われたのは、①人事、給与、定員、予算を国の規制から解放して、国立大学の再編・統合を図ること、②学外理事を登用し、学外有識者を経営協議会へ参加させて、民間的発想の経営手法を導入すること、③6年ごとに中期目標・中期計画を公表し、それを第三者により評価すること、であった。

しかし、予算が削減されていく中で自由な人事や給与の改革などできるわけがなく、ましてや予算を伴わない組織改編などできるわけがない。文部科学省とのパイプを強化するためにどうしても文科省から学外理事を採用することになるし、産業界から有識者を経営協議会に参加させてもすぐに産学連携ができるわけではない。しかも、中目・中計の作成に当たっては文部科学省から詳細にわたる注文がつき、大学改革強化経費という補助金の獲得をめぐって競争させられる。これでは自由な経営手法による自律的な大学経営など望むべくもない。これ以後、政府は大学評価を振りかざして国立大学の活動をコントロールし始めた。補助金の獲得にはその名目とは違う大学改革を具体的に書き込む必要が生じ、政府の改革目標への達成が誘導された。その結果、2003年に100校あった国立大学は2008年までに86校に再編・統合されることになった。半数以上は医科大学との統合・再編で病院経営との一体化を目指したものだったと考えられる。私が国立大学協会（国大協）の会長だったとき、ある地方大学の学長は、「うちは大学附属病院ではなく、病院附属大学ですよ」と自嘲気味に語ったことを覚えている。

世界大学ランキングの本当のねらい

2004年にはTHEの世界大学ランキングが公表され、英国と米国の大学が軒並み10位以内を占めるが、これは前述したように英国の大学改革戦略の一環だった。英国の大学はほとんどすべてが国立で、自国の学生の授業料は政府が肩代わりをしている。この制度はEU加盟国にも適用されるが、他の諸国、とりわけ富裕層が登場し始めたアジアの学生には適用されない。英国は2006年に大学の授業料の値上げを始め、留学生には通常の3倍の学費を払う義務を課した。つまり、世界大学ランキングは英国の国立大学の財政を国家から切り離す手段であったわけだが、日本はそんなことも知らずにこのランキングを正直に受け止め、日本の大学のランクが低いことを高等教育の後れと決めつけ、大学改革の理由とした。「世界大学ランキングの100位以内に10校を」という目標を立てたのがそのいい例であるが、ランキングを高める仕組みも、ランキングを高めた結果受ける恩恵も十分に理解しないまま、掛け声をかけてもうまくいくはずがない。米国のランキング上位の大学はほとんどが授業料の高い私立大学であり、富裕層の関心を引くことを目的としている。一方、日本の大学は米国に比べて私立大学の授業料はたいして高くなく、留学生に日本の学生並みの授業料しか求めず、さらには国費で招へいする留学生も多い。まったく国策と大学改革が整合していないのである。

法人化後しばらくして、文部科学省は学部教育の重要性に気づき始めた。2008年に出た中央教育審議会の答申「学士課程教育の構築に向けて」がそれであり、①すべての学生が身につけることを目指す基本的な素養、②学習方法や学習成果の評価方法に関する基本的な考え方、③市民性の涵養をめぐる専門教育と教養教育との関わり、を検討し確立することを目標に掲げた。また、よく内容のわからない学問分野や学位が乱立していることから、すべての学問分野の特性を調べて定義することを義務付けた。それを受けて各大学は学問分野の定義を再検討し、日本学術会議は「分野別の教育課程編成上の参照基準」を作成した。

このころから文部科学省は、設置認可の審査手続きの見直しや設置後のチェック機能を強化していく。2013年には第3期へ向けて「国立大学改革プラン」を発表し、学外の知見の活用と国の行政組織としての諸規制の緩和により、たとえば民間企業等との共同研究が増加するなどの成果を挙げることを期待した。具体策として、①予算等に関する国の諸規制の緩和、非公務員型の人事制度等により裁量を拡大、②役員や経営協議会委員、学長選考の委員として学外者の経営参画を法定化し、法人の経営に参画、③中期目標（大学側の意見に配慮）に基づき、学長を中心に法人運営、を掲げている。同時に各大学のミッションの再定義を実施して、大学の個性を反映させた改革を実行することを促した。

学長力の強化と教授会の弱体化

このように、遅々として進まない大学改革を焦る文部科学省のいら立ちもよくわかるのだが、続いて２０１４年に出した学校教育法と国立大学法人法の改正は大学の力を削ぐ結果になったと私は思う。

これは私が京都大学の総長に就任してすぐに取り組んだ課題で、学長のリーダーシップを強め、教授会の権限を大幅に削減するというものであった。それまで、教授会は多くのことを審議し、その決定は人事から予算まで広い範囲におよんでいた。しかし、この改正では教授会は「意見を述べる」だけであって何の決定権をも付与されていない。それを説明し、京都大学の伝統であるボトムアップの体制を維持しながらこの改正案に応じるために、規約の文言を慎重に変えた。それを教育研究評議会で認めてもらうまでにずいぶん時間をかけたことを覚えている。

また、学長選考会議を設け、学長選考の基準を明確にして公表すること、経営協議会の委員の過半数は学外の有識者でなければならないことが明記された。これは、学外の委員からなる理事会が強い権限を持って学長を決め、学長が特権的な力をふるう米国の私立大学をお手本にしたものであったが、十分な予算の裏付けがあってはじめて実行できる仕組みである。少ない予算でぎりぎりの人件費や物件費をきりもりしなければならない日本の国立大学では、現場の教職員の犠牲を強いなければならないことが多い。文部科学省は運営費交付金の中から一定規模の総長裁量経費を割り出し、それを総長の権限で使えるようにしてトップダウンの経営を奨励したが、そのためにかえって現場の予算を削る羽目になってますます反発を招くことも多かったと思う。予算を増やさずに、制度の改正だけで学長のリーダーシップを求めてもとうてい無理な話である。

しかし、このあたりから国立大学を政府の方針の下に改革しようとする機運はますます高まりを見せ始めた。2015年には、文科省から先の「ミッションの再定義」で明らかにされた各大学の強み・特色・社会的役割を踏まえた速やかな組織改革に努めることとするという通達が出された。これだけならまだいい。しかし、それに続けて「特に、教員養成系学部・大学院、人文社会科学系学部・大学院については、組織の廃止や社会的要請の高い分野への転換に積極的に取り組むよう努めることとする」という文言が盛り込まれていた。国立大学への説明会でこれを文科大臣から直接聞いた私はすぐに反論した。人文社会科学系学問の軽視につながりかねないと思ったからである。反対意見や疑問視する意見はすぐにあちこちから上がり、文科省は火消しに努めたが、結局通達を取り消すことはなかった。

つまり、これが本音なのである。2014年の学校教育法・国立大学法人法の改正の序文には、「大学が、人材育成・イノベーションの拠点として、教育研究機能を最大限に発揮していくためには、学長のリーダーシップの下で、戦略的に大学を運営できるガバナンス体制を構築することが重要である」と記されている。そういった方針に基づき、産業界があまり必要としていない分野は縮小して、もっとイノベーションが起こせる実学の分野を拡大しようとしたのである。

そして、国の財政負担を減らす

さらに、2015年には国立大学を3分類して、運営費交付金に「3つの重点支援の枠組み」を創設し、それぞれ異なるミッションを目標にするように定めた。その3つの枠組みとは、①地域のニーズに応える人材育成・研究を推進する大学、②分野ごとの優れた教育研究拠点やネットワークの形成を推進する大学、③世界トップ大学と伍して卓越した教育研究を推進する大学である。各大学がどの枠組みを選ぶか決めさせて、結局①は55大学、②は15大学、③は16大学が収まることになった。

なぜ、こんな限定的な目標を選ばなければならないのか、当時、国大協の副会長だった私は文科省の局長や担当者に詰問したが、これは財務省の予算の枠組みであって、実質はそう今までと変わりはないという答えであった。しかし、その背景には、これまでのように86大学が護送船団のように一体化して進むには無理があるという政府の見方が強くあり、ミッションを分けて運営費交付金や補助金を「選択と集中」によって効率的に配分しようという意図があったと思われる。この3分類を飲まなければ財務省と予算折衝はできないと言われ、それが各大学の個性をつぶすことがないようにという確約を得てしぶしぶこの案を受け入れたのだが、私はこれを失敗だったと思っている。なぜなら、その後この分類の要件は中期目標・中期計画に盛り込まれ、大学の評価に反映され、ついには運営費交付金の重点配分につながっていったからである。

このころから大学改革を論じる政府主導の委員会があちこちにできた。私が覚えているだけでも、中央教育審議会（大学分科会将来構想部会）、経済財政諮問会議、未来投資会議、人生100年時代構想会議、まち・ひと・しごと創生総合戦略会議、総合科学技術・イノベーション会議（CSTI＝Council for Science,Technology and Innovation）など、それこそ政府や産業界、有識者が一斉に大学改革の方向性を論じ、国立大学がその矢面に立たされたのである。このなかで合言葉のように交わされたのが、「選択と集中」、「競争と評価」であった。国際競争力とか地方への貢献度を目標にして各大学を競争させ、厳格な評価によって業績のいい大学を選び、そこに補助金を付ける。その手法によって政府の目指す方向へ大学を誘導できると考えたのである。何しろ運営費交付金を減らされ、物件費や人件費の高騰で首が回らなくなっていた国立大学は、これら補助金にしがみつかざるを得ない。

しかし、期限付きの補助金で大学間の競争をあおったことは失敗だった。2002年に開始された21世紀COE（The 21st Century Center Of Excellence）も、その後継で2009年に始まったグローバルCOEも、2011年からのリーディング大学院プログラムにしても、せっかく魅力的な研究拠点を築き、優秀な研究者を雇い、海外の研究者との共同研究を増やしても、補助金が打ち切られるとそれを大学自身の資金で継続することができなくなってしまった。また、リーダーたちが学生、ポスドク、外国人研究者の世話に追われ、論文を書けなくなった。事実、法人化以降、明らかに国立大学の研究論文数が落ち始めた。

それまで科学研究費の増額に応じて確実に大学の論文数は増え続けていた。ところが、科学研究費の増額が止まり、補助金が増えても論文数は落ちる一方だった。これは、運営費交付金が減って研究者の数を削減せざるを得なくなり、補助金によって雑用が増えて研究時間が減ったことに起因している。調べてみると、その相関関係は明瞭に出ていた。補助金は大学の研究力を上げることを目的にしていたのだから、これは失策と言わざるを得ない。

しかし、私も文科省を非難する資格はない。2016年に文科省が国立大学法人法を変更してまで指定国立大学という新しい制度を始めた17年、しぶしぶながら重い腰を上げたのだが、いざ申請するとなると大学を総動員して企画を立てたからである。この制度が国立大学の中で研究型大学を優遇する制度であることは重々承知の上で乗ったのだから罪が重い。ただ、この制度は「国際的な競争環境の中で、世界の有力大学と伍していくことを求めることに鑑み、研究力、社会との連携、国際協働のそれぞれにおいて、すでに国内トップレベルに位置していること」という要件があり、それを示すことが京都大学として不可欠という認識があった。その上で、指定されれば自分たちが立てる計画に補助金が付くという、大学の個性を重んじる体制が組まれていた。

そこで、私たちは京都大学に合った改革とは何かを慎重に考え、新しい企画を次々に立てた。とくに、事前の評価で「京都大学には人文・社会科学を牽引してほしい」という要請が付いたことは私たちを奮い立たせた。それは、前年の文科省通達にあった人文・社会科学系組織の廃止や転換に対していち早く反対の意を表明したことに対する、文科省の期待であったのだと思う。「じゃあ、それらの学問が重要なことを証明してみろ」ということなのだろう。そう考えて、さっそく文学部を中心に人社系未来発信ユニットを作ってもらい、活発な活動を展開してもらっていまに至っている。

2017年から私は、国立大学協会会長と日本学術会議の会長という2足の草鞋を履くことになった。京都大学の総長も同時にやっていたのだから3足である。その間、文科省とはずいぶんやり合ったし、政府与党による〝国公立大学振興議員連盟〟を結成していただき、一緒に財務省に乗り込んで国立大学の窮状を訴えた。CSTIには非常勤議員として毎週のように出席し、産業界の重鎮たちと大学改革について議論した。日本学術会議では、政府・産業界連携分科会を設けて経団連や経済同友会の幹部と産学連携のあり方について論じた。私の印象では、少しずつ産業界や政府が大学の理念や現状を理解し始めたのではないかと思う。

経団連は国公私立の大学の長と4月一括採用問題について議論を始め、ジョブ型雇用やインターンシップについて10のアクションプランを掲げた。内閣府は大学支援フォーラム(PEAKS＝Leader's Forum on Promoting the Evolution of Academia for Knowledge Society)を立ち上げて、産官学が一緒になって日本の現状や今後の展望に関する認識を整理し、10の行動指針を提示した。また、文科省も国立大学とCSTIのメンバー、それに経済学者や新聞記者などの有識者による「国立大学法人の戦略的経営実現に向けた検討会議」を開き、私は2020年の9月に総長と日本学術会議会長の任期を終えるまで約半年間出席したが、提案し合意されたことがすぐに実行されるという好印象を持った。

ただ、何とかして国立大学を国の財政から引き離して自立した経営体にしようという圧力は、いまも強力に続いている。これが大学の個性を重視する方向へ向かえばいいのだが、まだ政府がコントロールしようという趨勢に大きな変化はない。たとえば、2020年3月に国立大学法人ガバナンス・コードが作成されたが、私立大学や公立大学が独自のガバナンス・コードを出しているのに比べ、国立大学は文科省と内閣府の三者の合意に基づいている。

そこには、国立大学を政府の方針に従わせたいという本音がのぞいている。ガバナンス・コードの中には学長の選挙について、「教員の意向投票によることなく」という文言が明記されている。学長は教員ではなく、学外有識者を半分以上含む「学長選考会議」が選ぶのである。これで学長として本当に有能な人が選ばれればいいが、日本にはまだ学長というプロが育っていない。たしかに、意向投票では教員の数が多い学部から選ばれる傾向が強く、人気投票になる懸念もあるが、選考会議が無理強いをすることによって教員から反発を受けるような事態は避けてほしい。いくら学長の権限を強めても現場の教員がそっぽを向けば、大学改革などできるわけがないからである。

補助金のあり方もずいぶん工夫されるようになった。2018年にできた卓越大学院は補助金の額が年を追って段階的に減らされ、最終的にはゼロになるように設計されている。産業界からの投資を増やし、その間接経費を値上げして大学経営に取り組む大学に補助金を出すなど、産学連携によって大学が自律できるような仕組みを立てている。おかげで大学発ベンチャーの数も急増し、産学連携は国立大学にとって必須の事業となりつつある。

しかし、寄付文化が根付かず、企業が大都市に集中する日本の現状では、国立大学すべてに同じような取り組みが有効だとは思えない。法人化以降、さまざまな評価システムによってがんじがらめにされてきた体制がやっと改善される兆しが見え始めているが、もっと地域の特性に合った大学の個性を輝かせるようなビジョンを持ち、それを国や産業界が支援していく仕組みを作らなければ日本の未来はない。

第4章

フィールドワークと科学する心

一・アフリカの留学生に博士の学位を

私は研究員や助手の時代が長かったので、久しく大学院の学生を全面的に指導する役割を免除されていた。京都大学の大学院博士課程を単位取得退学（つまり、博士の学位を取らずに退学）して、ケニアの首都ナイロビにある日本学術振興会のオフィスに研究員（駐在員）として勤め、それからルワンダのカリソケ研究センターの客員研究員、公益財団法人日本モンキーセンター（愛知県犬山市）のリサーチフェロー、京都大学霊長類研究所（犬山市）の助手を経て、京都大学理学研究科の助教授になったのはもうすぐ46歳になろうというころだった。それまで大学院生の指導をしなかったわけではない。霊長類研究所では鹿児島県の屋久島やアフリカのコンゴ民主共和国（以下、コンゴと略称）、ガボン共和国に大学院生を連れて行ってフィールドワークの手ほどきをした。しかし、直接学生の学位取得に関わるわけではなかったので、すこし突き放した指導をした。

これは研究員や助手という立場より、私が在籍した理学研究科の自然人類学研究室の伝統を色濃く身につけていたせいかもしれない。この研究室は大学院生をフィールドに連れてはいくが、後は野放し状態で、テーマから方法論、データ採取、分析、結論に至るまで独りで実施することを義務付けていた。だから、論文は必ず単著で書かせ、指導教員の名前は謝辞にしか載らなかった。そのやり方はフィールドワークが国内で行われようと国外で行われようと同じことで、とくにアフリカは日本とはまったく文化も違うし、危険も多いにもかかわらず、フィールドワークは独りでやるものと見なされていた。修士課程で私は日本を行脚してニホンザルの外部形態の地域比較を実施し、博士課程では屋久島でニホンザルの社会や行動の研究、その後アフリカのコンゴでゴリラの社会生態を研究したのだが、指導教員の伊谷純一郎先生は一度もついて来てくれなかった。屋久島では同僚の学生たちとあれやこれやと模索しながらフィールド調査を立ち上げたし、アフリカではボノボ（チンパンジーの1種）の調査隊にコンゴの首都までついて行き、後は調査許可の取得から調査チームの立ち上げまで自分でやった。

　だから、教授になっても大学院生を手取り足取り指導するということがなかなかできなかった。アフリカのフィールドに連れて行っても一人で放り出してくるし、論文も単著で書けと言う。院生たちは何と冷たい先生と思ったのではないだろうか。でも、フィールドで一番面白い部分は自分で切り開かなくては、将来独り立ちできないだろうというのが、私の考えだ。学生は私のことなど気にせずに、新しい発見をして独創的な考えを紡げばいいし、ときには大きくテーマを変えたっていい。私の好きな学問は「仮説検証型」ではなく、「現場発見型」のフィールドワークだ。何かのテーマを持って始めたとしても、そこで発見した現象によって自分に合ったテーマが見つかることが望ましい。もちろん初めてのフィールドで何かと危険や不便に直面するだろうから、教員はその最低限の便宜を図り、危険に対する備えを教えればいい。後は学生たちが自分の力で切り開く世界だ。その考えはいまでもあまり変わっていない。

しかし、例外がある。アフリカのゴリラの生息地で調査研究をともにした地元の学生や若い研究者たちとの関係である。それは、私の苦い体験に端を発している。

私がルワンダ共和国の火山国立公園でマウンテンゴリラの調査を行った際に指導を受けたのは、米国のダイアン・フォッシー博士（1932〜85）だった。ダイアンは1950年代のジョージ・シャラー博士の調査を引き継ぎ、コンゴ動乱後の1967年に単身でこの地に乗り込んでマウンテンゴリラの調査を始めた。彼女は毎日辛抱強い接近を繰り返し、ついにゴリラが彼女に手を触れるまでになった。おかげでゴリラの群れに入って観察できるようになり、凶暴な好戦的な野獣と見なされてきたゴリラのイメージが一変した。それまで未知の類人猿だったゴリラの社会が調査できるというので、多くの研究者がダイアンの下へ集まった。

私は1978年にルワンダの隣国コンゴ（当時はザイール共和国）のカフジ＝ビエガ国立公園でゴリラの調査をしていたが、どうしてもゴリラが馴れず、近くで観察することができなかった。そこで、ダイアンの下でもっとヒトに馴れたゴリラを観察したいと思っていた。カフジの調査を終えても博士論文が書けずにいた私は、日本学術振興会の駐在員という仕事に飛びついてケニアのナイロビに居を構えた。アフリカにいれば、マウンテンゴリラを調査するチャンス

当時の著者　写真・著者提供

がめぐってくるかもしれないと思ったからである。指導教員の伊谷純一郎先生は私の気持ちを察して、1980年にケニア北部の遊牧民の調査でナイロビに立ち寄った際、ちょうどナイロビにやってきたダイアンに引き合わせてくれた。しどろもどろの英語のプレゼンだったが、ダイアンは私を気に入ってくれ、調査を許可してくれた。この出会いを実現してくれた伊谷先生に、私はどんなに感謝しても感謝しきれない。いまにして思えば、指導教員の役割とは学生に出会いと気づきを与えることに尽きるのかもしれない。結局、ダイアンとの出会いが私の人生を大きく前進させることになったのである。

ダイアンが設立したルワンダのカリソケ研究センターは、標高3000メートルの苔むした森の中にあった。そこは研究所というよりは山小屋で、5つの小さな木造の小屋が木立によって互いに見えないように建てられていて、ケンブリッジ大学とカリフォルニア大学デービス校の学生、米国のヤーキス研究所の研究者が滞在していた。彼らと私はそれぞれ調査するゴリラの群れを分け合って、毎日のようにそれぞれの群れを訪問して記録を取り、週末には集まって食事をしながら情報交換をした。当時ダイアンは自身の博士論文を仕上げるために米国のコーネル大学に行っていて、現地に来ることはなかった。私たちは毎月レポートを書いて米国にいるダイアンに送ることを義務付けられていたが、直接彼女から指導を受けることはなかったのである。

しかし、一つだけダイアンが私たちにきつく言い渡していることがあった。私たちとともに働く現地の人びとをゴリラに会わせてはいけないという戒《いまし》めだ。ダイアンによれば、ゴリラは度重なる密猟で危険な目に遭っている。私たちと一緒に働く人びとは密猟者と同じ黒人だから、もしゴリラが彼らに馴れてしまえば密猟者を危険視しなくなって、たやすく被害に遭ってしまうというのである。だから、私たちは毎朝キャンプを出て現地のアシスタントと一緒にゴリラの通跡《つうせき》をたどり、ゴリラに近づくとアシスタントを待たせて自分だけでゴリラの群れに入って観察した。夕刻に観察を終了すると、ゴリラに気づかれないように待っていたアシスタントと合流し、キャンプへ戻るというわけだ。

この方法に私はうさん臭さを感じていた。ゴリラはそんな馬鹿じゃない。敵か味方かちゃんと見分けている。事実、私が一人で観察しているときに、ゴリラにとって初対面のベルギー人が偶然やってきて、ゴリラが攻撃を仕掛けたことがあった。ゴリラにとって敵と味方の判断は肌の色ではないのだ。ダイアンの決めた規則は絶対だったが、私はアシスタントを待たすのがいやになって、自分一人でゴリラに会いに行くことが多くなった。

密猟者によるゴリラの被害が増すと、ダイアンの現地の人びとに対する怒りも増した。

罠を叩き壊し、密猟者を捕まえるチームを結成して、自分もパトロールに出かけた。米国で博士論文の執筆に専念したのは、しばらく現地を離れて気持ちを落ち着かせる意味もあったように思う。

ダイアン・フォッシーの悲劇

だが、1985年に私が日本にいるとき、カリソケ研究センターに戻っていたダイアンに悲劇が起きた。12月25日のクリスマスの晩に、キャビンでぐっすり眠っていたダイアンは何者かに襲われ、鉈《なた》で頭を真っ二つに割られて息絶えたのである。訃報を聞いた私はその光景が目に浮かんだ。怒りと失意を鎮めるために、ダイアンは日ごろからバーボンをラッパ飲みしていた。酔って現地のスタッフや学生に怒鳴り散らすこともあったという。おそらく独りで泥酔して眠りこけていたのだろう。そこに、彼女に恨みを抱いていた者が忍び込んだ。

翌年の1月に現地へ向かった私は、犯人がまだ捕まっていないことを知った。夜の闇と大雨に犯人の痕跡が消されてしまい、皆目わからないというのである。可能性は3つで、ダイアンが嫌っていた密猟者か、ダイアンに虐げられていたアシスタントか、ダイアンに資料の提供を断られた研究者か、である。すでに、アシスタントたちは捕らえられていて尋問にかけられていた。不幸なことに、そのときの拷問に使われた電気ムチの衝撃で一人が死亡、もう一人が再起不能になったと聞いた。どうすることもできない自分をののしりながら、私は帰国の途に就いた。結局、いまに至るまで犯人は特定できず、事件の真相はわかっていない。その後、ルワンダに起こった内戦によってカリソケ研究センターは閉鎖され、ふもとの町に新しくセンターが開設された。以後、苔むした森の中の、ゴリラの声が聞こえる場所で、寝起きしながら調査をする日々は過去のことになった。

この事件とその後に起こった内戦で、私はもはやここでマウンテンゴリラの調査はできないと思った。そして、別の場所でゴリラの調査をするにしても、これだけは実現しようという二つの誓いを立てた。一つはゴリラと人との共生を目指す活動を現地の人びとの主導で始めること、二つ目は現地のゴリラの研究者を育てることである。ダイアンが殺害されたのは、ゴリラを保護する理由が現地の人びとに理解されなかったからだし、ゴリラのことをよく知る現地の研究者が生まれれば、きっと人びとはゴリラを誇りにしてくれるだろうと思ったからである。

調査地をコンゴに変更

さっそく私は、最初にゴリラの調査をしたコンゴを再訪し、中央科学研究所にいる現地の研究者に協力を求めた。ムワンザ・ンドゥンダさんという私と同世代の研究者が名乗りをあげた。彼はソビエト連邦に留学し、ニホンジカの研究をして博士の学位を取っている。ラボ（実験室・Laboratory）の仕事が好きな同僚たちと違って、フィールドが大好きな性格だ。これはいいパートナーになると思い、他にモンキーセンターや屋久島で一緒に仕事をしている日本人の同世代の仲間たちとチームを組んだ。調査の目的はゴリラをその生態系丸ごと理解しようということで、霊長類生態学者の丸橋珠樹さん、植物生態学者の湯本貴和さん、形態学者の濱田穣さんが参加してくれた。私はゴリラと共存する他の霊長類にも興味があった。カリソケ研究センターのある火山国立公園にはマウンテンゴリラのほかにはオナガザル科のゴールデンモンキー1種がいるだけである。しかし、コンゴ東部には標高600メートルから3300メートルに至る熱帯雨林に20種近い霊長類が共存している。とくに、ゴリラがいるところにはどこでもチンパンジーがいる。人間に近いこの2種の類人猿がどうやって共存しているのか、まだあまり調査が進んでいなかった。その実態

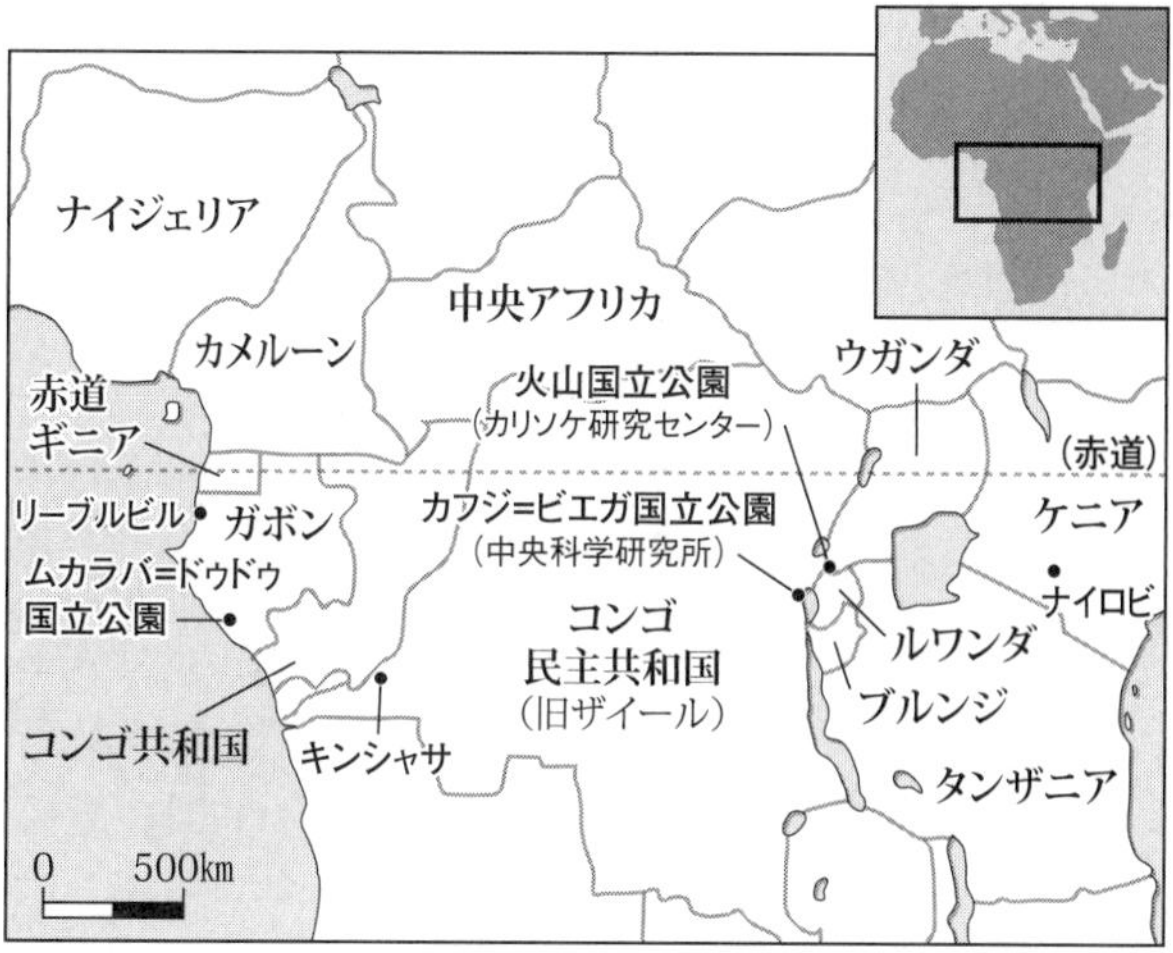

を解明すれば、過去に複数種の人類がどのように共存していたかを理解できるかもしれない。

1986年から1991年まで私たちはコンゴの東部の森林を低地から高地まで遠征して歩き回り、標高による生態系の違い、ゴリラと他の霊長類の共存状態を調査した。悪路に強い車を2台日本から送り、みんなでかわるがわる運転して各地をめぐった。おかげでアフリカの熱帯雨林の特徴ばかりでなく、そこで暮らす人びとの様子がよくわかった。ムワンザさんは実にタフな研究者で、どこでも物怖じすることなく事態に立ち向かってくれた。コンゴには450を超える民族集団がいて、それぞれ異なる言語をしゃべる。文化の壁を乗り越えるために何が必要かを私はムワンザさんから習った。

ただ、1991年にコンゴの首都キンシャサで暴動が起こり、日本の外務省は日本人の退避勧告を出した。ムワンザさんは国会議員に選ばれてキンシャサに行かねばならなくなった。そこで、私はムワンザさんの後継者を探した。運よくバサボセ・カニュニさんという昆虫の生理学をやっている若い研究者が名乗りをあげてくれた。彼はもともと哺乳類の生態に興味を持っていたが、ポストが埋まっていたのでマラリア原虫の調査をしていたという。修士の学位は持っていたが、博士の学位はまだない。私より12歳も年下である。しかし、彼の熱意とデータを重んじる科学者としての資質に、私は大きな可能性を感じた。彼とチームを組むことに決め、私との共同研究の中で彼には博士の学位を取ってもらおうと思ったのである。

ただ、それからが大変だった。コンゴの政治は混乱し、治安は悪くなる一方で、1994年には隣国のルワンダで内戦が勃発して敗走する政府軍とともに、大量の難民が流れ込んだ。私は低地の調査を中断し、研究所の近くにある国立公園の一角に調査区を設置し、ゴリラとチンパンジーの共存に関する調査を集中的に実施することにした。この森に以前暮らしていた狩猟採集民によるチームを二つ作り、毎日ゴリラとチンパンジーを追跡してもらってその通跡とベッドサイトを地図上に記録した。新鮮な糞を採集してその内容物を調べ、食性の変化を分析した。バサボセさんはその責任者にうってつけだった。

京大で論文を書かせる

一方、ゴリラと人との共存を目指すＮＧＯは、１９９２年にコンゴのカフジ＝ビエガ国立公園のそばで立ち上がった。中心となったのはバサボセさんと同年齢の地元の若者ジョン・カヘークワさんだった。彼は１９８０年代の初めに国立公園のガイドとなり、ゴリラツアーを指揮していた。私は彼に、ゴリラの個体すべてに名前を付けてその特徴を覚えるように頼んだ。そして、毎日ゴリラの動向を記録して、出産や死亡、新しい個体の移出入を確認することがガイドに不可欠であることを伝えた。彼はそれを忠実に実行し、私は彼と一緒にその記録をまとめていくつか共著の論文を出した。彼は世界各地からやってくる観光客やテレビ会社のスター的存在になり、命名されたゴリラは有名になってコンゴのお札に印刷されるまでになった。

その彼が、各国のテレビ局や観光会社の支援を受けて「ポレポレ基金」という地元のＮＧＯを設立したのである。ポレポレとはスワヒリ語で「ゆっくり」という意味で、欧米の

著者（左）とポレポレ基金を設立したジョン・カヘークワさん
写真・著者提供

指導による組織のようにすぐに成果を挙げようとせず、じっくり地元の支持を広げながら活動していこうという思いが込められていた。ルワンダの火山国立公園と同じように、カフジでも保護区になったことで地元民の立ち入りが制限され、野生動物による畑荒らしが増えて地元の不満が募っていたからである。私はポレポレ基金の顧問に抜擢され、翌年には日本でポレポレ基金の支部を立ち上げて支援することにした。この活動についてここで詳しくは述べないが、地元の住民を巻き込んだポレポレ基金はコンゴの内戦中も活動を止めることなく大きな成果を収め、ジョンさんは2012年にウィットリー（Whitley）賞、2016年にはTusk Conservation Awardという英国の賞を受賞している。私の一つの誓いは達成されたと言っていいだろう。

さて、もう一つのほうは困難を極めた。何せコンゴの東部が日本の外務省によって渡航自粛勧告になっているため、私自身が現地へ行けない。1996年にはそれが解けたので大学院生を連れて現地で調査を再開したが、それもつかの間ですぐにコンゴは内戦状態になった。私がケニアのナイロビで待機していると、何とバサボセさんが国境を越えて私を訪ねてきて、ぜひ日本へ連れて行ってほしいと言い出したのだ。当時、私は京都大学霊長類研究所の助手で留学生を受け入れたり指導したりする立場ではない。しかし、彼の必死な様子を見て、私も覚悟を決めた。これは私の責任で何とかするしかない。そこで、科研費（文科省・日本学術振興会による科学研究費補助金など）の招へい外国人として日本に滞在してもらい、彼が持ち込んだ調査資料を二人で分析することにした。半年後に内戦が一段落したのでバサボセさんはいったん帰国したが、その後何度も日本へ資料を持ち込んでは共同研究を続行することになった。

私が苦慮したのは、バサボセさんの学位である。彼は京都大学の大学院生ではない。大学院生なら課程博士の学位を取得できるが、外部の人間だと論文博士を取るしか道はない。

論文博士はすでに公表された論文の質によって評価される。いまでこそ共著の論文も受け入れられているが、当時は単著の論文しか認められなかった。そこで、私はバサボセさんに単著の論文を3本出そうと提案した。しかも世界一流の学術誌に掲載される論文を書こう。そうすれば、バサボセの名はすべての霊長類学者の知るところとなる。

世界はすでに電子ジャーナルの時代に入っていた。バサボセさんの所属するコンゴの研究所では電子ジャーナルを見ることができない。ましてや内戦がまだくすぶっていて、政治的混乱のさ中にある。とても論文を熟読して独自の理論を練る機会などない。そこで、私は京都大学の理学研究科に赴任してからも毎年のようにバサボセさんを招へいし、京都大学で研究を続行してもらった。彼はコンゴで収集した資料を持ってきて分析し、その結果を私のゼミで発表し、論文の不備を指摘され、悪戦苦闘しながら論文を仕上げた。後で聞けば、何度も泣きそうになって閉じこもったそうである。それだけ私のゼミの議論は辛らつだったということだ。

でも、結局バサボセさんは3本の単著論文を書き、それを霊長類学の3大学術誌にそれぞれ掲載することに成功した。論文博士の審査は文句なく通り、２００５年に晴れて博士の学位を取得した。その時の彼の笑顔は忘れられない。学位論文はきちんと製本して、彼の所属するコンゴ中央科学研究所に収められている。私が骨身を削って学生の面倒を見たのは彼が初めてである。実は日本に逃れてきたとき、彼は婚約者を現地へ残してきた。彼はそれが心配でたまらず、私は現地に何度も電話をかけて婚約者に約束した。彼には必ず学位を取らせるから安心して待っていてくれと。期待通りバサボセさんは学位を取得し、この婚約者と無事に結婚した。いまでは5人の子持ちである。

二・ガボンでの二国間協力事業

ルワンダではダイアンの殺害と内戦、それが飛び火して起こったコンゴの内戦で、私はこれまでの調査地で思うように活動できなくなった。とくに、私が指導する日本人の大学院生を現地へ送り込むことができなくなったことが大きい。そこで、私は再び新しい調査地を探すことにした。

1994年にガボンへ渡航したのは、かつてルワンダのカリソケ研究センターにいたときに出会った英国の研究者カロライン・テューティンさんの助言があったからだ。カロラインさんたちは1980年代の初めからガボンの内陸部のロペでゴリラとチンパンジーの共存について調査を続けていた。ガボンはその85%が熱帯雨林で人口が少なく、野生動物の宝庫である。大西洋に面した海岸線が長く続いている。そこに4つの保護区があり、そのうち最も北にある大統領直轄のウォンガ・ウォンゲ保護区が面白そうだと私は感じた。フランスの植民地時代から狩猟区として保護されており、人が住んでいないからだ。ガボンの首都リーブルビルで、私は日本大使館や現地に事務所のある商社の方に協力してもらって、何とか訪問する許可を得た。しかし、私がチャーターしたセスナで飛び立とうとした矢先、大統領府から中止の命令が来て断念せざるを得なくなった。

やむなく、私は現地のWWF（世界自然保護基金）の協力を得て、やはり大西洋岸に面したプチ・ロアンゴ保護区を訪ねた。ここはゾウやバファローが多く、海岸線にゴリラが出てくるという噂があった。水森林省の管理事務所からエンジン付きの小舟で1時間ほど川を下ると、マングローブ林が広がっており、その向こうに人の住んでいない海岸がある。そこを現地の人と一緒に歩いてみると、運のいいことにゴリラと出会った。砂浜に足跡も見つかり、これはやれると思った。

そこで、水森林省のレンジャーと予備調査をし、帰国後に先輩の黒田末寿さん、後輩の古市剛史さんが次々に訪問して短期の調査を実施した。古市さんはゴリラとチンパンジーのベッドを見分ける方法を考案し、この保護区にかなりの密度で両種の類人猿が生息していることを推定した。私は本格的に調査を開始することにして、私の後輩で英国のエジンバラ大学にポスドクで所属していた鈴木滋さんと、大学院生の竹ノ下祐二さんを現地に派遣した。そのうち、ゾウの調査をやりたいというケンブリッジ大学の学生も加わり、海岸近くにテントを張って調査が始まった。すでに私は助教授になっていて、講義や委員会をたくさん受け持ち、長期のフィールドワークが不可能な境遇だったが、何とか時間を作って毎年調査に参加した。

しかし、調査はうまくいかなかった。その原因は広大な湿地に阻まれてゴリラを追跡し続けることができなかったことにある。ここのゴリラは腰までつかる湿原を難なく渡っていくのに、人間は泥に足を取られて身動きできない。結局あまり成果を挙げられないまま、竹ノ下さんが予備調査に行った少し内陸のムカラバ＝ドゥドゥ国立公園に場所を移すことになった。

ムカラバは標高８００メートルぐらいの山脈と標高50メートルの低地を流れる川の間に広がる平原で、森林とサバンナがモザイク状に入り組んでいる。大きな湿原はない。ここでもキャンプ地をいろいろ移しながらゴリラを探したが、結局川に近い場所でゴリラに遭遇しやすいことがわかって、ここに恒久的なキャンプ地を設けた。

元・青年海外協力隊（ＪＯＣＶ）としてマラウイでゾウの調査をやっていた安藤智恵子さんをアシスタントとして派遣し、以前伐採会社で働いていた村人を雇ってチームを組んだ。ここには森や動物に詳しい狩猟採集民がいなかったからである。ゴリラとチンパンジーを人づけ（餌を使わずに人に馴らす）するのが目的だったが、通跡をたどってベッドを見つけ、糞を採集するだけの日々が続いた。出会ってもすぐに逃げてしまい、チンパンジーは結局人づけできなかった。人間に興味を示してくれるゴリラの群れにジャンティ（フランス語で「優しい」の意）群と名付け、20メートルぐらいの距離で観察できるようになるまでに5年かかった。少しずつ調査の成果も出始め、国際学会で発表すると大きな注目を集め、ドイツや英国のシンポジウムに呼ばれるようになった。また、この試行錯誤の間にさまざまな分野の研究者や学生が参加して、ここの生態系をいろんな角度で眺めることができるようになった。地元の村との協定で、なるべくたくさんの村人を雇ってキャンプ地の維持や観察路の整備、総合調査などを行い、村の行事にも参加したおかげで地域の文化への理解が進んだ。ガボンの研究者や政府からの信頼も厚くなった。

私の頭にコンゴの調査や地元のＮＧＯ活動が浮かんだ。ここでも同じことを、もっと大きな規模でやれるんじゃないだろうか、と思ったのである。ちょうどそのころ、日本政府は「地球規模課題対応国際科学技術協力プログラム」（ＳＡＴＲＥＰＳ）という国際協力機構（ＪＩＣＡ）と科学技術振興機構（ＪＳＴ）の協力による二国間プロジェクトを創設し、募集を始めていた。私は早速ガボンの研究者や日本大使館と相談して応募の手続きを進めた。ガボン側はそれまで私たちと一緒に研究してきた国立科学技術研究センターの熱帯生態学研究所、日本側は京都大学理学部である。すでに私は教授になっていて、さまざまな雑用が舞い込んでいたから、自分が動くわけにはいかない。中部学院大学に職を得た竹ノ下さんを中心にして、鹿児島大学の藤田志歩さん（霊長類繁殖生理生態学）や私の研究室の助教の井上英治さんらが積極的に企画を立ち上げてくれた。

プロジェクトのタイトルを「野生生物と人間の共生を通じた熱帯林の生物多様性保全」と定めた。目標は、①国立公園の生態系の特徴、とくに森林と大型哺乳類（霊長類）との関係を解明すること、②野生動物と人との接触に関する獣医学的調査、③調査を担うガボン人研究者の育成、④地元の社会経済についての調査、⑤資源の持続的利用とエコツーリズムの推進、⑥博物館活動を担うガボン人スタッフの育成である。ガボン側は獣医学、植物分類学、病理学などの応用研究が盛んで、日本側は霊長類学を中心とする基礎研究が中心である。両者のギャップを補い、プロジェクトの目標に合わせるために、植物生態学、哺乳類生態学、生態人類学、社会経済学の研究者に参加してもらった。

東京でのヒアリングはひやひやもので、うまくプレゼンできたかどうか自信が持てなかったが、ＳＡＴＲＥＰＳ最初のいくつかのプロジェクトの一つとして承認され、２００９年から5年間のプロジェクトを開始することができた。これも日本大使館の手厚い支援と、ガボン側の熱意、竹ノ下さんをはじめとする若い世代の熱心な協力の賜物だと思う。早速、首都リーブルビルにある熱帯生態学研究所にオフィスを開き、半年後にＪＩＣＡからコーディネーターが着任してプロジェクトが始動した。物資の調達やガボン人研究者の扱いなどにさまざまな問題が生じてずいぶん苦労を強いられたが、何とか乗り切って２０１４年、私が総長になる直前にプロジェクトを終えることができた。

現地研究者とエコツーリズム育成

私が最も苦慮したのは、ガボン人研究者をどう育てるか、ということである。国立公園は２００２年に設立されたばかりで、レンジャーなどほとんど配置されていない野放し状態である。管理計画も理想論ばかりで、実現の可能性が低い。しかも、熱帯生態学研究所の獣医たちには野生動物を扱った経験がない。ガボンではツェツェバエなどによる病気がまん延しているので牛を飼えないし、そもそも野生動物が豊富なのでジビエ（野生鳥獣の肉）を主な食料としている。だから、ガボンの獣医は生きた野生動物を扱ったことがほとんどない。そこで、私は日本の動物園で彼らの研修をすることにした。日本は世界第2の動物園数を誇り、獣医がトップになってさまざまな野生動物を飼育する経験を豊富に積んでいる。幸い京都市動物園には、ガボンにいるゴリラと同じ種類のニシローランドゴリラが飼育されている。ここでじっくりゴリラという動物を間近で眺め、健康診断にも参加してもらって野生動物の生きた体を見てもらおうと思ったのである。京都大学野生動物研究センターと連携協定を結んでいた京都市動物園は快くこの申し出を引き受けてくれ、獣医を含むガボン人研究者に実習を実施してくれた。ここでは、野生動物をどんな教材を用いてどう観客に見せるかといった博物館学の実習も行ってもらい、彼らにはとてもいい経験になったと思う。

その一環として、今度は京都市動物園の飼育員の長尾充徳さんにガボンのムカラバまで来てもらい、数日間野生のゴリラの調査に参加してもらった。後日、この経験を生かして京都市動物園の飼育環境づくりに取り組んでもらった。当時、野生のゴリラの研究は「マウンテンゴリラ」が対象で、動物園のゴリラは「ニシローランドゴリラ」ばかりという、野生の知識とそれを応用する場所のねじれが生じていた。

その結果、地上で草ばかり食べているマウンテンゴリラのイメージで動物園のゴリラ舎が作られていた。私たちの調査によってニシローランドゴリラは木登りが上手で、樹上にベッドを作って休み、多種多様なフルーツを食べることがわかってきた。長尾さんに実際に見てもらい、それを現場に生かそうと、新しいゴリラ舎には鉄骨を張り巡らせて3次元の動きを取り入れた。体のごついシルバーバック（成熟したオスは背中の毛が白くなるのでこう呼ばれる）が器用に鉄骨にぶら下がって食事をする光景は圧巻である。ここで生まれたゴリラの子どもはすばしこく空中を飛び歩き、ゴリラのイメージは一変した。ガボンのプロジェクトを動物園に導入して本当によかったと思う。

もう一つの懸案事項はエコツーリズムの導入である。なにしろ村人は外国人観光客を受け入れるということさえ初めての経験であり、自分たちが慣れ親しんだ森や村の何を見せたらいいのか、皆目見当がつかない。そこで、私が長年ニホンザルの調査でお世話になってきた屋久島で、プロのエコツーリズムガイドに研修を実施してもらった。

屋久島は山と森、川と海という豊富な自然資源がある。サルやシカも人に馴れていて、間近で観察できる。ガイドに必要な注意事項や装備など、事細かに説明してもらった。さらに、地元でヤクタネゴヨウという松の固有種を調査して保護する活動をしているNGOを紹介し、その活動にも参加してもらった。2度目の研修では、ガボン人の研究者ばかりでなく、国立公園のレンジャーや地元でエコツーリズムを推進しようとしているNGOのスタッフ、地元の村民の代表者を日本へ招へいした。長年JICAでエコツーリズムを指導してきた一般社団法人エコロジックの新谷雅徳さんに頼んで、野生動物管理とエコツーリズムの研修を実施してもらった。ガボン人たちがとくに感動したのは、日本のエコツーリズム発祥の地である埼玉県飯能市の古民家を訪問したことだった。この民家に嫁いでこられた初老のご婦人に当時の様子をお聞きし、手づくりの料理をいただいた。その経験をしたおかげで、ガボンの人びとは自分たちの暮らしをありのままに見せることがエコツーリズムの本質なのだ、ということを理解したのである。

ガボンの人びとは、旧宗主国のフランスとフランス人に大きな引け目を感じていた。ガボンの政府にはフランス人のアドバイザーがたくさん入り込んでいるし、あちこちにフランス人の専門家が幅を利かせている。首都リーブルビルの主要な商店もフランス人の経営者が多い。村人たちも普段はフランス人の悪口を言っているが、フランス人の訪問者がやってくると途端に黙り込み、へりくだった態度を示す。ああ、これが植民地時代の弊害なのだなと思い知ったものだ。

だからガボン人にとって私たちは救いの神だった。彼らにとってアジア人は日本人でも中国人でも韓国人でも同じように自分たちより劣って見える。自己主張が少なく、ファッションのセンスも低く、いつも集団で行動していて目立たない。自分たちより格下と見なせるので緊張せずに付き合えると感じている。でも、そんな日本人が、フランス人の専門家と対等以上にわたり合い、ときには彼らを指導する様子を眺めているうちに考えが変わってきた。私たちの仕事ぶりを聞きつけて欧米から訪問客がやってくるようになった。研究者や学生たちはとても謙虚に私たちとも村人たちとも付き合う。そうした経験を通じて、地元の研究者もレンジャーも村人たちも、卑屈にならずにもっと自分たちの文化に誇りを持てばいいことに気がついたのだと思う。

このプロジェクトで、私たちはガボンの若い研究者4名、ガボンの大学の博士課程に在籍している学生3名の学位取得を指導した。京都大学にはエチエンヌ・アコモさんという中型哺乳類の生態を研究している若い研究者がやってきて、博士の学位取得に励んだ。私はまず、彼に自分でテーマを立て、方法論を考えてゼミで発表するように要請したのだが、彼は大いに困惑したらしい。彼の先輩や同僚たちがフランスで学位を取得した経験を聞くと、テーマは指導教員が決め、与えられた方法論通りにデータを集めて分析し、ディスカッションも教員が手直しして論文が仕上がるという。ところが、うちのゼミでは初めから自分でやらねばならない。もちろんテーマ選びや方法論については助教の井上英治さんが指導したのだが、計画を立て実行するのは本人の責任である。ゼミでは、その研究を選んだ理由や目的まで聞かれ、彼は何度も立ち往生した。でも、しだいにうちの研究室の雰囲気に慣れ、自分から積極的に他の院生にも質問するようになった。すでに学位を取ったバサボセさんも時折顔を見せたので、彼の経験も大いに吸収したようだ。何度か学会で発表し、学位論文を仕上げるには涙を流すこともあったようだが、何とか年限内に京都大学の理学博士の学位を取得することができた。

後年、アフリカ同窓会を開いた際、何度か彼と再会する機会があったが、彼がこのころを振り返って言った言葉が印象に残っている。「あのころは何でこんなに厳しい試練を受けなければならないのかと思ったし、先生や同僚たちが冷たいと恨めしく思った。でも、自分が指導者になってみると、あのころの経験がよく生かせるし、自信を持って学生を教えられる」と言うのだ。彼はいま、熱帯生態学研究所の主任研究員になってムカラバ国立公園の研究を仕切り、公園管理について科学的指導をしている。ガボン内外の研究者や学生と付き合うことも多い。彼の誇りに満ちた仕事ぶりが目に浮かぶようだ。彼が京都大学で学位を取ってくれたこと、そしてその伝統をガボンに持ち帰ってくれたことを、私はとてもうれしく思う。

三・複数の故郷と後継者づくり

フィールドワークを通じて、私はいくつかの故郷を持った。東京の国立市で18歳まで育った私にとって、大学時代と教員時代を送り、いまなお住んでいる京都は言うまでもなく第二の故郷である。それに加えて、最初に野生ニホンザルと真剣にわたり合った屋久島、アフリカで最初に訪れたコンゴ民主共和国のカフジ、ガボンのムカラバ、そしてリサーチフェローや助手として15年間暮らした犬山（愛知県）は私の故郷と呼ぶにふさわしい。すべての地域の人びととはいまでも交流を続けているし、そこで体験した暮らしは私の身体に埋め込まれている。それらの土地に住んだきっかけはもちろん霊長類の調査研究であったが、研究を離れていろんなことに興味を広げ、多くの分野の人たちと付き合ったことは私の大きな財産となった。

私が研究以外の分野に交流を広げることを、ムダとか回り道とか言われることもあったが、いまから思えばたくさんの貴重な出会いと気づきをもらえたと思っている。大学院の修士課程の時代に全国の野生ニホンザルを見て歩いた経験から、屋久島のサルが最も美しいと感じたし、ここの森がサルたちの原風景だと思うにいたった。屋久島で調査を続けるうちに地元の人たちの自然に対する考え方や行政のあり方について学び、それが地元主体の活動を企画するきっかけとなった。それはアフリカでの調査活動にも影響し、マウンテンゴリラの調査を指導してくれたダイアン・フォッシーさんが殺害された後、カフジで地元の研究者と共同研究を実施し、地元のNGOを支援する力となった。さらに、その活動の発展形としてガボンで二国間学術協力事業を実施し、いまはJICAの草の根事業として継続している。これらの一連の活動は、さまざまな場所で出会いと気づきを重ね、そのたびに新しい知恵を生み出して発展させてきた、それぞれ互いに深い関連を持つ事業だったのである。どれもムダなことなどない。私はこれらのプロセスを楽しんだし、どこでも大きな学びを得た。

私が総長に就任後しばらくしてすべてのプロジェクトは期限が終了し、私が取得した公的な資金は途絶えた。しかし、研究や現地の活動が終わったわけではない。さまざまなプロジェクトに多くの人びとを巻き込み、多くの学生が育った。ガボンの学生たちも無事に博士の学位を取得したし、日本の学生たちもガボンでの経験を生かしてアカデミア（学術研究機関）や国際的な仕事に職を得ている。屋久島における野生ニホンザルの研究は次々に若い世代に引き継がれ、海外からの研究者や学生も参加して盛り上がりを見せている。屋久島には京都大学霊長類研究所の研究ステーションや野生動物研究センターの宿舎が建設され、私たちのころよりもずっと調査環境が改善された。地元の人に空き家を借りたり、募金で小さな小屋を建てたりして、細々と山の幸や海の幸を取って暮らしていたころと比べると雲泥の差である。２０１３年には屋久島学ソサエティという地域学会が発足し、毎年さまざまな分野の研究者が集まって活動報告をし、地元の人たちと交流している。１９７０年代に私たちが描いていたことが実現したと言っていいだろう。

　バサボセさんは学位取得後、国際的な保護団体にエコロジストとして職を得、数年後に元の中央科学研究所の生物学部門長に就任し、現在は地元の大学の教授を兼任している。自分で海外の研究資金を取得し、自国で霊長類学の学術ネットワークを作って研究活動の中心を担っている。ジョンさんは自分でゴリラツアー会社を設立し、自然観察路を設置し、地元の村にカルチャーツーリズムを立ち上げて、地元に経済効果をもたらすＮＧＯ活動を推進している。

アフリカの国同士を結びつける

私はコンゴやガボンの学術や保全活動に携わる人びとをこれまで日本に招へいして、同じような課題を抱えている日本の人びととの交流を実現させてきた。しかし、もっと重要なことはそれがアフリカの国同士の交流であると気づいたことである。コンゴとガボンはともに広大な熱帯雨林を有し、生物多様性が極めて高い国である。ベルギーとフランスという宗主国は違うが、ともにフランス語を共通語としている。しかし、両国の研究者はこれまで交流がなかった。米国や英国などの英語圏、フランスやベルギーなどフランス語圏でアフリカの留学生や研修生を受け入れ、学位を取得させ、自然保護の理論や実践を教えてきた。そこで異なるアフリカの人びとがいっしょに学ぶ機会はあったはずだが、自国へ戻るとアフリカの国同士の交流は途絶えてしまう。自然環境や文化が似ている国同士は同じような課題を持っているはずなのに、互いに協力して解決に向かおうという動きが生まれない。

そこで、私はＳＡＴＲＥＰＳを利用してコンゴとガボンの交流を図ることにした。ガボンでは国立公園が設立されたばかりで、自然保護の考え方もエコツーリズムの実践も地元

ガボンのムカラバ=ドゥドゥ国立公園のゴリラ　写真・著者提供

に根付いていない。ゴリラをエコツーリズムの目玉にするという提案にも半信半疑である。一方、コンゴでは1970年代からゴリラツアーを実施して大きな経済効果を上げている。私はバサボセさんとジョンさんをガボンのムカラバへ連れてきて、地元で何ができるかの実践例を示してもらうことにした。エコツーリズムの導入は科学的な知識と方法論に基づかねばならず、その担い手は地元の人たちであるべきという信念があったからである。

結果は大成功だった。ガボンのムカラバ国立公園のそばに住んでいる人たちは、自分たちがガイドになってエコツーリズムを実施できるなどとは考えていなかった。しかし、ジョンさんが自分の地元民としての生い立ちやガイドの経験を話すと、みんな熱心に聞き入った。ジョンさんは大学も出ていないし、海外でガイドとしての研修を受けたわけではない。私やバサボセさんなどコンゴの研究者と実地で話し合いながら地元の自然に関する知識を学び、実践を通じてゴリラやカフジの自然を紹介できるようになったのだ。バサボセさんは自分たちの財産である地元の自然は海外の教科書には載っていないことを述べ、それは自分たちの文化とともに将来に残していかねばならないことを伝えた。やはり、自分と同じ境遇にあるアフリカの人びとが語る話には説得力がある。

それまで新しいことはすべて宗主国のフランス人任せで、自分たちでは何もできないと思い込んでいた村人たちは徐々に考えを変えた。それまで当たり前のように思ってきた自然が世界でも貴重なものだということに気づき、海外からやってくる人たちが自分たちの話に耳を傾けてくれるということを知ったのだ。道路も橋も、診療所も学校も、すべてフランス人がやってくれると思ってきたが、自分たち自身の力で暮らしを改善しなければならないという考えが生まれた。これは私にとって最もうれしい兆候だった。

こういった活動を通じて、私は日本の外交戦略は人材育成にもっと注力したほうがいいと思うようになった。これまでＪＩＣＡは技術や設備を移転し、ハコモノを作ることに大きな予算を使ってきた。たしかに日本の力は先端的な科学技術にある。しかし、教育力の高さと教育現場の温かい配慮に、もっともっと目を向けてもいいと思う。日本へやってくる留学生は日本人の学生と同等な授業料で教育を受けられるし、国費やさまざまな奨学金で支援されている学生も多い。私のところで学位を取得したバサボセさんやエチエンヌさんのように、その内容は世界でも群を抜いている。彼らは日本で教育を受けたことを誇りに思っているし、その成果を自国で生かしたいと願っている。

ところが、日本はそれらの留学生のフォローアップをまったく行っていない。ヨーロッパの旧宗主国は学位を取らせた後、それらの学生を自国で政界や産業界の重要なポストに就かせてつながりを維持し、宗主国への利益誘導を図っている。米国の自然保護の研修事業もそうだ。アフリカからやってくる留学生はふつう修士課程までで、自国へ戻った後は専門家になってもたいていは米国からやってくる博士の学位を持ったさらに上位の専門家の片腕となって働くことになる。でも、日本はそんなしたたかな外交戦略を持って留学生を育てているわけではない。ちゃんと自立できる専門知識と実践力を与えて本国へ送り返しているのだ。彼らをもう少しバックアップする体制があれば、大いに活躍するし、日本という国のファンを増やしてくれるだろうと思う。

私が京都大学アフリカ同窓会を作ろうと思ったのも、京都大学で学んだアフリカの留学生同士の交流を推進したかったからである。大学は国の壁を乗り越えて交流できるプラットフォームである。そこで一緒に学んだ経験が国を超えて人びとをつなげる。アフリカはこれからの時代を背負っていく大きな可能性を秘めている。そこで、これまでの国同士や宗主国とのしがらみを超えて、学問の力による協力関係の下に新しい時代を築いてほしい。平和を維持し、国際的な政治力を発揮できない日本にとって、教育力こそが最も有効な外交戦略だと思えるのである。

四・すイエんサーとの対戦

総長になる2年ほど前、私が理学部長をしていたときに、NHKのEテレ番組から挑戦状が来たことがある。当時もいまも人気の「すイエんサーガールズ」が京大生と対決したいというのである。すイエんサーとは、面白い科学の問題を中高生中心の女子タレントたちが解く番組だ。挑戦状では、京大の物理の先生が出した問題を、すイガールのチームと京大生のチームが解いてその成果を競うことになっていた。そこで、理学部では1〜4年の学生が4人のチームを作り、「すイガール」4人のチームと対戦することになった。学部長の私はその対戦の勝敗を決める判定者として参加した。

やってきたのは現代のアイドルで、思いきり輝いている女の子たちだった。たしか15歳から21歳の年齢幅だったと思う。対戦場所は、ノーベル物理学賞受賞者の益川敏英さんを記念して建てられた益川ホールだった。競技の内容は、A4判の紙1枚とはさみを使って工作物を作り、5メートルの高さから落として時間のかかる方が勝ち、という問題だった。1時間で完成品を一つ作り、各チーム4回の試技を行って落ちる時間を競う。学力を誇る京大生との間にはハンデがあるということで、すイガールの側に一つだけヒントと、予備の試技が与えられることになっていた。

判定者の私には、どちらのチームの作業内容ものぞく権利が与えられた。私は何度となく両チームの部屋を訪問しては、どんな作品を考案するのかを見守った。どちらのチームも熱心に議論し、試作品を作ってはその効果を試していた。

京大チームが作ったのは小さなプロペラがついた筒状の物体で、くるくる回りながら落ちてくるものだった。空気の抵抗をなるべく大きくして落ちる時間を稼ごうという工夫だ。これに対して、すイガールチームは何も手を加えないA4の紙をそのまま広げて水平にして落とした。紙は横に振れながら一瞬上に持ち上がって静止する。京大生の作品よりも時間をかけて落ちることに成功した。すイガールの勝利である。

平面の紙の効果を予測できたのが、すイガールたちの卓見だった。もちろん、彼女たちは初めからこのことに気がついたわけではない。実にあきれるほど意見を交わし、試行錯誤を繰り返して行きついた結論だから、素晴らしいと私は思う。

さて、私が面白いと思ったのは第2戦だった。今度はA4の紙を5枚用いて工作物を作り、同じように落ちる時間を競う。作品が大きくなるから、前とは違う工夫が必要になる。京大生が作ったのは大きな紙飛行機だった。ホールの2階からゆっくりと弧を描いて飛べば、かなりの時間を稼げると予測したのだ。3回の試技は壁にぶつかったりして途中で墜落、最後の試技で思うように飛ばすことができた。

しかし、今度も京大生は勝つことができなかった。すイガールは、またしても5枚の紙を張り合わせて長方形の大きな紙を作り、それを水平に落とすという戦略に出たのだ。さすがに、今度は紙が折れ曲がり、弧を描かずに落下した。しかし、うまく弧を描くケースもあり、紙飛行機よりはるかに長い時間を稼ぐことができたのである。

講評で、私はすイガールの、まとまる力、勝利への意欲、こだわりを捨てるいさぎよさが京大生に勝っていたことをたたえた。理学部長の私としては京大生が2戦とも敗れたことは悔しかったし、彼らを不甲斐なく思ったこともたしかだ。だが、一方で彼らの戦いぶりを誇らしくも感じた。京大生の敗因は、サイエンスへのこだわりを持っていたからだと思ったからである。彼らは1枚の紙が描く軌跡にうすうす気がついてはいたのだが、まったく何も手を加えずに勝負することに大きなためらいを覚えたのだ。2回目はさらに、その原理を知ってしまったがゆえに、相手の用いた方法を採用することができなかった。別の方法で勝たなければ自分たちのプライドが許さなかったのである。負け惜しみではなく、私はその態度をとてもうれしく感じたのだ。

これには後日談がある。翌年の2013年に今度は東京で、これまですイガールが対戦した東大・京大・北大・東北大の4大学のチームと5チームで競い合うという催しが開かれた。このときの問題は、プラスチック製の2本の縄跳びの紐を材料にして、はさみと糊でいかに高い構築物を作るかというものだった。結果はまたしてもすイエんサーチームの勝利に終わった。このとき、京大生のチーム以外はすべて、まず縄跳びの握りに使われているプラスチックを組み合わせて安定した土台を作り、その上に紐で作った塔をいかに高く積み上げられるかに腐心していた。すイガールが勝ったのは、紐の端が天に向かって最も高く伸びていたことによる。

しかし、京大生のチームは違う考え方をした。まず紐と握りを組み合わせて最も長い構築物を作り、それを立てて安定させようとしたのである。実は、これらの試技はいったん構築物を立ててから、支えなしに1分間倒れないようにすることが条件だった。京大生の作品は高さでは圧倒的に他を抜きんでていたものの、1分間立っていられなかったのである。私は京大生をはじめとして4大学の学生がまたしても惨敗したことに悔しい思いをしたとともに、京大生の考え方にひそかに拍手を送った。そこには、常識にとらわれない発想が潜んでいると思ったからである。

科学の力には二つの側面がある。与えられた課題に対して、限られた時間内により良い解答を見つける。これは現代の社会が必要とし、常に競争の渦中にある企業が求めている能力だ。もう一つは、思わぬ発想で常識をひっくり返し、新しい理論や世界観を作る能力だ。これには、時間は制限要因にならない。一生のうちに、そういった機会に巡り合い、その能力を一度でも示すことができればいい。コペルニクスも、ガリレオも、ニュートンも、そして益川敏英さんもそういう幸運に恵まれた科学者だ。でもその大発見を成し遂げるまでに、気の遠くなるような思考実験があったはずである。それは決して与えられた問いから生まれたわけではないし、競争によって得られたわけでもない。まだ先人の気づいていない真実を探し求めたいという野心を持ち続けたことが、その大発見を生み出したのである。

すイガールたちの勝利は、彼女たちが前者の能力に秀でていたことを示している。何よりも目的をよく理解し、そこにたどり着く道を必死に探し、チームで勝利を勝ち取ろうとする団結力は素晴らしい。昨今、チームワークに優れた、即戦力として働ける人材を育てることが大学に求められているが、すイガールたちの勝利は、その能力が大学とは違う世界で鍛えられることを示唆している。しかし、京大生が示したもう一つの能力も、私たちの社会にブレークスルーをもたらすために必要である。それは、正解を早く出すことではなく、これまでの常識に従わず、新たな考えに挑戦しようとする態度である。イノベーションはその積み重ねによって拓かれる。いまの科学技術を100年前の誰が予想しただろうか。真の科学の力とは勝つ能力ではない。これら二つの違う能力を組み合わせることが夢ある未来を作るのだと思う。

五・18歳の選挙権

公職選挙法が改正され、2016年に選挙権が20歳以上から18歳以上に引き下げられた。

１９４５年に男子25歳以上から男女20歳以上に引き下げられて以来、71年ぶりの改正である。これで日本の大学生は入学時からすべて選挙権を与えられたことになるし、高校生でも選挙権を持つ者が出てくる。これにともない、２０１５年には文部科学省初等中等教育局長から高校生の政治的活動を限定的に認める通知が出された。若者の政治意識は大きく変わるのだろうか。

18歳のころ、私は何をしていたのだろう。18歳になった１９７０年に私は京都大学へ入学した。前年には東京大学の安田講堂に学生たちが立てこもり、機動隊と攻防を繰り広げて入試は中止となった。学生運動は高校にも波及し、高校２年のころから私の高校では授業中止となり、自主ゼミが当たり前となっていた。私は街頭デモに参加したり、近くの大学で行われたトーク・インに出かけたり、喫茶店で仲間と日本の未来や人間の本質について語り合う日々を過ごした。入試指導など受けず、塾へも行かなかったので、自分で受験する大学を決めて過去問を取り寄せ勉強した。クラスの仲間には大学へ進学することを拒否する者もいた。国家が引いたレールに従って勉学の道へ入ることをためらう風潮があったのだ。政治を市民の手に、未来を担う若者の手に、という声が響き渡っていた。そんな空気の中で私は受験勉強をすることに後ろめたさを感じていたし、京都大学を選んだのは東京から離れてしがらみから抜け出したいという気持ちが強かったからだろうと思う。
入学した京都大学でも学生運動がまだくすぶっていて、授業がよく中止になった。講義室には大量のビラがまかれており、黒板にはアジ演説が派手に書き込まれていた。教員が授業を始めようとするとヘルメット姿の学生が乱入し、授業を中止して討論会に切り替えることを宣言。抵抗する教員を羽交い絞めにして連れ出すといった光景も見られた。キャンパスの内も外もタテ看が立ち並び、アジ演説の声が飛び交う毎日だった。時折、角材や鉄パイプを構えたヘルメット学生が他派の群れに突っ込む事件もあり、私の気持ちはしぼむ一方だった。東京で経験した学生運動でもうその限界を感じ、セクト闘争には嫌気がさしていたのだ。私の下宿にオルグしに来る学生もいたが、私が東京での経験を話すとみんなあきらめて帰っていった。友達もできないまま、私は古本屋巡りをして目に留まった本を買い込み、ジャズ喫茶で何時間も読書をして過ごした。

しかし、キャンパスの外では違う風が吹いていた。大阪万国博覧会である。「人類の進歩と調和」を共通テーマに掲げ、世界から77カ国が参加して1970年の3月から9月まで盛大なイベントが繰り広げられた。隣の京都にもその熱気は伝わってきて、街はその話題で持ちきりだった。アポロ16号が採取した「月の石」を見てきたとか、動く歩道や携帯電話など、いまでは当たり前になった新技術の話で盛り上がった。私の下宿にも東京から高校時代の仲間がやってきていつもにぎやかだった。なかには私の部屋に住み着いてアルバイトに出かけ、小銭を稼いで万博に通う者も現れた。万博のテーマにはいかがわしさを感じたが、もはや世界の未来は若者の視線をはるかに超えて科学技術の夢に託されていると感じたものだ。

ところが、そのお祭り気分を一気に冷え込ます事件が起こった。その年の11月に、三島由紀夫が自身の率いる楯の会の若者たちとともに市ヶ谷にある陸上自衛隊東部方面総監部総監室に乗り込み、割腹自殺を遂げたのである。そのとき、私は京都大学構内の生協食堂で100円の定食を食べていた。テレビに映った三島の姿を見て大きな衝撃を覚えた。三島の檄は陳腐に映ったし、この大がかりな演出は命を賭けたといえども、本当に日本の政治を憂えてのものかどうか疑わしいと思った。自身の美的センスと心中したいだけなのではないか、それに若者を巻き込むのは独りよがりの卑劣な行為なのでは、と感じた。だが一方で、日本の戦後政治の最も矛盾した体制である自衛隊に焦点を据え、その中枢を襲撃したということに私は虚を衝《つ》かれた。学生運動のリーダーは誰もそこまでは考えなかった。憲法9条で戦争の恒久的な放棄を謳っているにもかかわらず、軍備を増強している自衛隊に身を挺してその本質を問いかけるという行為は、学生たちには思い浮かばなかったのだ。ある意味、学生運動には戦後の日本を根幹から問い直し、クーデターを起こしてまで政治を変えようという強い意志が欠けていたのだ。

そんな時代にいた18歳の私は、２０１６年のように突然選挙権を与えられたとしたら、素直に投票に行っただろうか。たぶん行かなかっただろうと思う。それは当時、国が若者に期待したことへの反発と、その体制への不満があったからである。若いうちから政治に関心を持ってほしいという政府の期待はうれしいが、はたして現代政治の内容を高校生はよく理解しているだろうか。そもそも高校の授業で日本の歴史は明治維新、せいぜい大正時代で止まってしまうのが慣例だった。それはまだ日本の教育界が昭和の時代や第二次世界大戦における日本の責任、戦後の政治についてきちんと総括できていないことを示している。この不備は未だ解決されていないと私は思う。最近、近現代史を中心に日本史と世界史を融合した「歴史総合」が必修科目となり、世界の中での日本の歴史の位置づけが可能になった。しかし、「日本史探求」は選択科目であるし、相変わらず日本の現代史は解釈が定まらないまま国際批判を受け続けている。

さらに大きな問題がある。学生のほとんどは入学後も住民票をいまの住まいに移しておらず、京都の外から来た学生は自分が住んでいる選挙区の候補者に投票できない。学生の投票率を上げるために大学のキャンパスに投票所を設けようという主張もあったが、そもそも学生たちが住民票を持っていなければ意味がない。むろん、住民票を持っている地域の選挙に参加する手段もある。しかし、選挙はおおむね自分の暮らしに直結する主張をしてくれる候補者を選ぶものであり、いまの小選挙区制はその理念に沿っている。学生たちに住民登録をするように勧めることは必須であるが、選挙への関心を高めるためには現代政治への理解を求める教育改革が不可欠だと思う。

学生の選挙への無関心は、自分たちが政治に対して無力だという考えがまん延していることによる。また、投票しても与党への支持が多く、現状維持への期待が強い傾向があるようだ。戦後、日本は大きな国際紛争に巻き込まれることなく平和を維持してきた。隣国で起こった朝鮮戦争にも兵士を派遣することなく、かえってそれに乗じて産業を復興させた。ベトナム戦争では参戦する米軍の基地を提供したにもかかわらず、戦争に無関係な顔を装うことができた。1991年に米ソの冷戦が終結した後、ボスニア・ヘルツェゴビナ紛争を皮切りに多くの国で戦争や内戦が勃発し、惨い光景をテレビやネットで目の当たりにしている。若者たちが内向きになり、身の回りの安全・安心に気を配るようになって、政治は専門家に任せておけばいいと思うようになっているのかもしれない。また、SNSの発達で意見を発信することが容易になり、逆に目立つ行動をするとすぐさまバッシングを受けるので、選挙活動のような公の行動に参加するのをためらう風潮が生まれているのかもしれないと思う。

しかし、黙っているうちに時代は動き、世界は変わる。他人事だと思っていたことが自分の身に降りかかる。総長になってから、京都大学時計台の迎賓室に大きな絵がかかっているのに気がついた。ここは以前、総長室として使っていた場所であり、この絵は「学徒出陣図」と題する須田国太郎画伯の油絵である。須田は京都大学文学部を卒業後、絵画の道を志してヨーロッパに学び、スペインのマドリードを拠点にして独自の画法を探求した。この絵のテーマになったのは1943年の11月20日、京都大学のグラウンドに学生たちが召集されて出陣したときの様子である。須田はその印象を、「華々しさというものは微塵もない、恐ろしく捕らえにくい黒い一塊の中にうずくまる、ある気概の発散である」と書き残している。この戦争では京都大学から4700名に上る学生が入隊し、文系の学生はその8割を超えた。260名の学生が戦没者として確認されている、当時、選挙権は25歳以上の男子のみだったから、多くの学生は政治に参加する資格が与えられないまま戦地へ赴いたことになる。

　須田画伯の絵が京都大学の迎賓室に飾ってあるのは、二度と再び学生を戦地へ送るような過ちを犯すまいという反省の意を忘れないためだと聞いた。海外からやってくる訪問者がこの絵を見て、京都大学はまだ戦争を鼓舞しているのか、という質問をすることがあるという。そのたびに総長は大学が兵士を育てる場であってはならないことを伝えるのだというこという。私もそれを深く心に刻んだ。18歳で選挙権を与えられても、それを行使することなく政治的決定によって死地へ派遣されるようなことがあってはならない。これは大学の教職員と学生全体にとっての固い戒めである。

第5章
私の教育論

一・教育は人間だけにある

さて、では私は「教育」という実践をどう考えているのか。それを、これまで私が実施してきた霊長類学や人類学の立場から論じてみようと思う。

そもそも、なぜ人間は教育という事業を始めたのだろうか。それは、生きるために必要な膨大な知識を成長期の子どもに伝えるためだと考えられている。たしかにそうだろう。しかし、人間以外の動物には教育という行為がまれにしか見られない。動物の子どもたちは教えられなくても自分で学ぶ。なぜ、人間だけに「教える」という行為が現れたのか。

動物における「教える」行為を「教示行動」と呼ぶ。動物は言葉をしゃべらないから、その行為が本当に教えているのか、あるいは自分の利益のために年少者を利用しているだけなのか、はっきりしない。だから、「教示行動」と認めるには少なくとも二つの条件が前提となっている。一つは、その行為が自分に不利益をもたらすものであることだ。自分の利益になるように相手を誘導するのは、相手を自分のために利用しているのであって、相手のためになろうとして行う教示ではない。もう一つは、教える側と教えられる側とが知識や技術の偏りを認知しているということである。つまり、教えられる側は自分にない知識や技術を相手が持っていると自覚し、教える側も相手が自分の持つ知識や技術を持たないことを知っていて、しかも自分の不利益を承知で相手に伝えようとすることを「教示行動」と呼ぶのである。

この条件に合う教示行動は肉食動物か猛禽類にしか見られない。たとえば、ライオンやチーターは母親が獲物を捕まえても、傷ついた獲物をわざと放して子どもたちに追いかけさせる。ミサゴも捕まえた魚をわざと落として、子どもたちに捕まえる練習をさせる。どちらも、親がせっかく捕まえた獲物を逃がしてしまう懸念が生じることを自覚していると思われるし、親も子どもも両者の間に知識や技術の差があることを理解している。

教示行動は人間に近い霊長類には、まずまったくと言っていいほど見られない。人間に最も近縁なチンパンジーでさえ、わずか2例が報告されているだけである。1例は、コートジボワールのタイ森林で観察された事例で、硬い木の実を棒でたたいて割る際、子どもが見ている前で母親がわざとゆっくりした動作で割った例。もう一つは、タンザニアのゴンベ国立公園で観察された事例で、シロアリ塚に植物のつるを差し込んでシロアリを釣る際、母親がその動作を子どもに見せた後にそのつるを子どもに渡した例である。どちらも母親が採食技術を子どもに教えようとしたと解釈されている。

しかし、高度な知性を有するとされるチンパンジーでさえ、こんな単純な教示行動しか見られず、しかも母親しかそういった行動を示していないのだ。これは驚きに値する。チンパンジーも私が長年研究してきたゴリラも、自分と相手の間に知識の差があることを認識できるし、それを用いて相手をだますこともできる。しかも、子どもが階段から落ちそうになったとき、親が手を差し出して支えてやるスカフォールディングという行動も知られている。これは、子どもがうまく階段を下りられないことを親が察知して行動する能力があることを示している。それなのに、親や年長の個体は子どもに教えようとはしない。子どもはただ、仲間の行動を見て自ら学ぶだけだ。なぜ、人間だけがこれほど多様に、しかも自分を犠牲にして、教えることに熱中するのか。

それは、人類がチンパンジーとの共通祖先と分かれてから700万年間、生物としても社会としても教育を必要とするような独自の進化を遂げてきたからである。

二・家族の進化と教育の必要性

人間は親子や兄弟姉妹からなる家族と、その家族が複数集まった共同体で暮らしている。この組織のあり方はどの社会でもどの文化でも共通しており、人類に普遍的な社会構成と言えるだろう。しかし、この二重構造を持つ社会は人間にしか見られない。人間に近縁なチンパンジーには複数のオスとメスからなる共同体しかないし、ゴリラにはふつう1頭のオスと複数のメスからなる家族のような集団しかない。それは、家族と共同体が異なる論理を持つからである。家族は互いに見返りを求めずに奉仕し合う存在だ。一方、共同体はその構成員が合意したルールに従ってそれぞれ義務を果たし、その対価として見返りが与えられる。何かをしてもらえば、お返しをしようとするし、何かを援助してあげれば、別のときに相応のお返しをもらえるだろうと期待する。だから、家族と共同体の間には時折相反することが生じる。

その緊張関係を解消するには、負担の偏りを時間的な流れの中で調整する能力が必要で、相手の事情を斟酌する共感力が不可欠になる。自分に不利になることであっても、将来相手と同じような境遇になることが予想されるから、助けてあげようという気持ちになれるのである。ゴリラにもチンパンジーにもこれらの能力が欠けているのだ。では、人間はこれらの能力をどうやって身につけたのだろう。

人類は進化の初期に森林から草原へと進出した。これはとても困難を伴う事業だった。チンパンジー、ゴリラ、オランウータンといった人間に近い類人猿が未だに熱帯雨林で暮らしているのを見ても、それがいかに難しいことだったかがわかる。一方で、ニホンザルのように一部のサルたちは熱帯雨林を遠く離れて暮らしている。なぜ、類人猿はサルのように熱帯雨林を離れられなかったのか。それは、サルに比べて類人猿たちの消化能力が弱く、少産で子どもの成長が遅いせいである。サルたちは胃や腸に大量のバクテリアを共生させ、硬い木の葉や消化阻害物質を含む未熟な果実も難なく消化してしまう。植物は成長や繁殖に重要な部位を動物に食べられないように、動物が分解できない植物繊維（セルロース）で葉を固め、化学的な消化阻害物質や毒物を仕込んでいる。胃腸にいるバクテリアは、セルロースを分解し、毒物を分解して働きを弱めてくれるのである。バクテリアの力が弱い類人猿は柔らかい葉や完熟した果実しか食べられず、サルに先を越されてしまう。しかも、授乳期間が長く、その間は妊娠できないので、類人猿はなかなか数を増やせない。

人類の祖先が熱帯雨林を出て草原へ進出できたのは、何らかの形でこの不利な点を克服できたからである。

人間の消化力は類人猿と大差はない。現代人は消化しやすい栽培食物や調理した食物を食べているので、さらに消化能力は低くなっていると思われるが、昔でも類人猿をはるかにしのぐ消化能力を持っていたとは考えにくい。ではなぜ、初期の人類は熱帯雨林を出ることができたのか。それは社会力である。

食物を分け合って食べるサルはめったにいないが、チンパンジーやゴリラは時折食物を分配する。たいがいは、食物を手にした力の強いオスが、メスや子どもに乞われて分配する。霊長類でおとな同士に食物の分配が起こる種《しゅ》は、必ずおとなから子どもにも分配が起こることが知られている。しかも、一度に子どもがたくさん生まれたり、子どもの成長が遅かったりして、母親に育児の負担が重い種に、食物の分配がよく起こる。そこで、こういった育児に手がかかる種の離乳期にまず子どもに対して食物の分配が起こり、それがおとな同士の間に普及したと考えられる。おとなの間では、食物を分配することによってけんかの際に加勢してもらったり、交尾の機会を得られたりといった効果があるようだ。

ただ、人間以外の霊長類は食物を運ばない。食物がある場所で、それを得た個体の周りに他の個体が集まって分配が始まる。これまで食物が運ばれたのはわずか数例、チンパンジーが民家の近くでパパイアを採って、それを数十メートル運んだに過ぎない。ところが、人間はわざわざ食物を袋に入れたり背負ったりして、はるか遠くまで運んで行って仲間に分けて共食をする。食物を採る姿を仲間が目にしているわけではないから、自分で平らげてしまってもわからないはずだ。にもかかわらず、自分の食欲を抑えて、仲間の元へと運ぶ。それは、自分が食物を運んで行くことを仲間が期待しているからであり、それが仲間を喜ばすことを自覚しているからである。つまり、食物の運搬と分配と共食は、類人猿から受け継いだ能力を人間が高めた〝共感力〟の賜物なのだ。

直立二足歩行

その行為を担ったのが直立二足歩行である。人類の祖先はチンパンジーとの共通祖先と分かれた直後から、二足で立って歩き始めた。700万年前のサヘラントロプス・チャデンシスに、すでに直立二足歩行の証拠が見つかっている。四足歩行に比べ、二足歩行は長距離を時速4キロメートルほどのゆっくりした速度で歩くとき、エネルギーの節約率が高くなる。つまり、人類の祖先が森林からサバンナにかけて広い範囲を、食物を探して歩くために生み出した歩行様式だったことが示唆されるのだ。しかも、歩行から解放されて自由になった両手で食物を運ぶことが、生き延びるうえで有利になったに違いない。樹木の少ない環境では肉食獣から逃れる安全な場所は限られている。そこに子どもたちを残し、おとなたちが食物を採集して運び込むのに、直立二足歩行は大きな働きをしたのではないだろうか。

もう一つの欠点、すなわち類人猿の少産と遅い成長は人類ではどうなったのか。人間の成長は類人猿に比べてもずっと遅い。しかし、人間は類人猿よりはるかに多産である。オランウータンは9年、チンパンジーは5年、ゴリラは4年に一度しか子どもを産めないのに、人間は年子を産むことさえできる。これは、草原で肉食獣の捕食圧にさらされて大きく変わった特徴だろう。日本にも捕食圧にさらされて多産になった動物がいる。イノシシは一度に平均5頭の子どもを産むし、シカは一産一子だが毎年子どもを産む。どちらも子どもの成長が早い。人類は一産一子だから、シカのように出産間隔を縮めたに違いない。そのためには、授乳期間を縮め、母乳の産生を促すプロラクチンというホルモンの働きを止め、排卵を再開しなければならない。進化の初期は子どもの成長が比較的早かったかもしれないが、サル並みに早くするのは無理である。

そこで、人類は子どもの成長を無理に早めず、離乳だけを早める戦略をとった。類人猿の子どもは離乳したときには永久歯は生えており、おとなと同じ硬い食物を噛み砕ける。しかし、人間の子どもは永久歯が生えるのは6歳だというのに、2歳前に離乳してしまう。

乳歯のうちに離乳してしまうのでおとなと同じものが食べられない。離乳期の子どもにも食べられる特別な食物を運んできてやらねばならない。それは相当の手間だったはずだ。そうまでして離乳を早めたのは、出産間隔を縮めてたくさん子どもを産もうとしたからに他ならない。

人間の脳の発達

人間は多産なのに、類人猿と比べても子どもの成長が遅い。それは、脳が大きくなりだしたからである。人間以外の霊長類の脳の大きさを測る指標である新皮質比（脳に占める新皮質とそれ以外の部分の比率）は、その種の平均的な群れの大きさと正の相関関係を持つ。つまり、付き合う仲間の数が増えれば、脳が大きいということで、人類もしだいに仲間の数を増やして社会的複雑さを増大させ、社会脳として脳を発達させたということが示唆される。200万年前にゴリラの脳の500ccを超え、40万年前に3倍の1500ccの脳を持つようになった。この脳の大きさから相関係数を使って集団の規模を逆算すると、ゴリラのような10～15人の集団から、150人ほどの集団で暮らすようになったことになる。

しかし、ここで大きな問題が生じた。ゴリラのような成長速度で脳を3倍にするためには、胎児の状態で3倍にしておかねばならない。ところが、直立二足歩行を始めて500万年も経っていたので、骨盤が皿状に変形し、産道を大きくできなくなっていた。そこで、この狭い産道にぎりぎり入る大きさの脳の子どもを産み、出産後に急速に脳を成長させることにしたのである。ゴリラの脳は出産後4年で2倍になっておとなの大きさに達するのに対し、人間の脳は出産後1年で2倍、5歳までに90%まで成長し、12〜16歳でおとなの大きさに達する。そのため、脳の成長に過大なエネルギーが必要となり、本来、身体の成長に回すエネルギーを脳の成長に使うことになった。ゴリラの赤ん坊は体脂肪率5%以下で生まれてくるが、人間の赤ん坊は15〜25%もあり、丸々と太っている。栄養の供給が途切れて脳の発達に支障をきたしては困るので、あらかじめ脂肪を蓄えて生まれてくるのである。

このように脳の成長を優先させる結果、身体の成長は遅れ、脳の成長が止まる12〜16歳に、今度はエネルギーが身体の成長に回されて急に背が伸びるという現象が起きる。これは人間の子どもに顕著で〝思春期スパート〟と呼ばれる。女の子のほうが平均して2年早く起こり、男の子のピークのほうが高い。また、この時期は第二次性徴が身につき、男女らしい体つきが目立ってくる。心身のバランスが崩れ、精神的に不安定になったり、おとなどのトラブルに巻き込まれて傷ついたり、自殺したりすることが多くなる。事実、日本の厚生労働省が毎年出している簡易生命表から年齢別死亡率を割り出してみると、どの年でも思春期スパートの直後に死亡率が跳ね上がっている。思春期スパートは青少年にとって極めて不安定で危険な時期なのである。

この人間だけに生じる離乳期と思春期という二つの時期を支えるために、教育という行為が必要になったと思われるのである。

三・言語以前のコミュニケーションと社会関係資本

人間はだいたい150万年をかけて集団規模を15人から150人に増やした。それは言葉が登場する以前にできた社会である。ではいったいどういうコミュニケーションで集団をまとめていたのだろうか。

それを示唆してくれるのがゴリラである。ゴリラは常に小さな集団でまとまっていて、何か危険を感じるとみんなが同調し、まるで一つの生き物のように動く。これと似ているのが人間のスポーツの集団である。ラグビーは15人、サッカーは11人で、互いに仲間の動きに合わせて生き物のように動くチームを編成する。練習する際には言葉で説明するが、いざ試合になれば、言葉を交わす余裕などなく、目配せやしぐさ、声だけで意図を伝える。脳が増加し始めたころの30〜50人という集団規模でも、言葉は重要な働きをしていない。これは学校のクラスに相当する。毎日顔を合わせているから、誰かがいなくなったらすぐわかる。全員がかろうじて分裂せずにまとまって行動できるので、先生や学級委員が先導できるというわけだ。面白いことに宗教の布教集団、軍隊の小隊の規模もこれに匹敵する。会社でも毎日顔を合わせる課や部の規模がこの数だ。

では、現代人の脳の大きさに見合った150人という集団規模はどうか。これは、年賀状を書くときに名前のリストによらずに、顔が浮かぶ人の数だと私は考えている。言い換えれば、過去に喜怒哀楽をともにしたり、一緒に何かの活動をしたりして、顔を覚えている人の数である。つまり、共感を抱くような活動を通じて知り合った人びとということで、ここまでが社会関係資本として機能する間柄だと思われる。社会関係資本（Social Capital）とは、人びとが暮らしを営む上で助けとなる人びとのことを指し、何か困ったときに相談したり、頼みごとができる人の資本である。言葉ではなく、身体を通してつながった間柄であることが重要だ。

これらの規模の異なる集団を日常の暮らしに当てはめてみると、10〜15人は家族、その家族が集まる最大150人規模の共同体が浮かび上がる。これらは言葉というより、音楽的なコミュニケーションでつながっている。地域に特有なお祭り、お囃子、歌や踊り、方言による調子、そして食事や服装、礼儀や作法で身体を共鳴させることによって暮らしを整えている。言葉の論理によって頭でつながるというより、身体のリズムを合わせることによって調和しているのが、地域共同体なのではないだろうか。

この音楽的なコミュニケーションは、人間の赤ちゃんが生まれてすぐに出会うものでもある。おとなしいゴリラの赤ちゃんと違って、人間の赤ちゃんは生まれた直後から大きな声で泣く。これは自己主張である。ゴリラの母親は生後1年間、赤ちゃんを腕の中で育てる。不安になったり気持ちが悪くなったら、ゴリラの赤ちゃんは体を動かすか、低い声を立てるだけでいい。すぐに母親は気づいてくれる。一方、人間の赤ちゃんは重いし、自力でつかまれないため、お母さんは赤ちゃんを手から放して置くか、人の手に委ねる。母親から離れるから、赤ちゃんは泣くのである。その赤ちゃんを泣きやまそうとして、周囲がこぞってやさしい声を投げかける。その声をIDS（Infant Directed Speech＝対幼児音声）と呼び、ピッチが高く、変化の幅が広く、母音が長めに発音されて、繰り返しが多いという世界共通の特徴がある。絶対音感の能力を持って生まれてくる赤ちゃんは、言葉で話しかけられてもその意味を理解することはなく、声のピッチやトーンを聞いて安心するのだ。そして、その声は習う必要はなく、誰でも出すことができる生まれつきの能力である。実際、この声の出し方を親から教わったことはないし、学校で習ったこともないはずだ。

この赤ちゃんに対して発せられる声が、音楽としておとなの間に普及することになったという説がある。この音楽的な声によって、赤ちゃんとお母さんの間のように、互いの境界を越えて一つになり、喜怒哀楽をともにするような感情世界をつくり上げたのではないかと言われている。つまり、言葉が登場する前に、人間は共同育児を通じて音楽的なコミュニケーションを発達させ、共感能力を高めたことが示唆されるのである。

改めて人類の進化史を振り返ってみると、人類は類人猿が持つ特徴を受け継ぎながら熱帯雨林を出て、直立二足歩行による食物の運搬と分配を通して共感力と社会力を高め、多産と脳の増大にともなって頭でっかちの成長の遅い子どもをたくさん持つようになった。その結果、母親や父親だけでは十分に子どもを育てることができず、家族が複数集まって協力し合う共同体が生まれたのだと思う。この二重構造を持つ社会が強靱だったために、人類の祖先は熱帯雨林をはるか離れたヨーロッパやアジアに進出し、サルさえ生存できない砂漠や極地にまで足を延ばすことになったのである。

教育は家族と共同体という二重構造の社会に生まれた共感力の賜物である。人間の子どもが危険な時期は二つある。長い離乳期と不安定な思春期である。これらの時期を子どもたちは自力で乗り切ることはできない。とくに思春期は親だけではなく、同性・異性の経験を積んだ年長の仲間が必要となる。長い離乳期は小学校へ上がる前の時期、思春期は中学校と高校に対応する。そして、それらの時期を終え、自分を社会の中に正しく位置づけるための時期が大学にあたる。それぞれの時期で学びの内容は異なるはずである。

離乳期は子どもたちが世界に受け入れてもらっていることを自覚する時期である。思春期は自分の性を自認して仲間の間で自分の能力に目覚める時期。大学は自分の能力を社会の中で相対化して人生の目標を定める時期である。こうしたそれぞれの時期で異なる学びの内容に応じて、教育は適切に配慮され、デザインされなければならない。

四・学びを希求する心

これまで述べてきたような観点から眺めてみると、現代の教育は多様な問題をはらんでいる。人間の教育は幼児期から始まっており、とくに人間の子どもの成長にとって危険な二つの時期、すなわち「離乳期」と「思春期」の教育が最も重要である。

人間は、知りたい、教えたい、という強い欲求を持っている。私は人間に近縁なニホンザルやゴリラの野外研究を長年実施してきたが、彼らはこれほど強い欲求を持たない。しかも人間では、知りたいという欲求が何者かになりたいという希求に結びついている。ゴリラの子どもたちは他のゴリラのようになりたいとは思わない。人間の子どもはイチローのように、スティーブ・ジョブズのように、山中伸弥のようになりたいと思う。そして、そうなるためにどうしたらいいか、道を模索するのだ。もちろん、子どもたちは誰かに憧れるだけでなく、何か素晴らしいこと、賞賛されるようなことをしたいと思う。ゴリラと違うのは、将来自分がどのような人間になって何をしているかを頭に描き、そのための目標を立てることだ。その姿を見て、人びとはその子どもに必要なことを教えてあげたいと強く思う。それは親や、子どもに血のつながりのある人に限らない。赤の他人であっても、子どもたちが目標へ向かって進むことを手助けし、自分が犠牲を払っても必要な知識や技術を教えようとするのである。

この両者の欲求が合致するからこそ教育は成立する。なぜ両者がこれほど強い欲求を持つかというと、人間には高い「共感能力」と「同化意識」が発達しているからだと思う。私はこれを、「相手の中に自分を見る能力」と表現している。誰かのやっていることを模倣しようとすれば、相手に同調する必要がある。人間はとてもこれがうまい。サルはサル真似が不得手だが、人間はサル真似の名手なのだ。そして人間は相手の身になって感じ、考える。いつか相手のようになっている自分を想像し、希望を抱いたり悩んだりする。その上で、自分が他者とは違うことを再認識し、自分独自の道を探し歩もうとする。そのときに頼りにするのが、そういった経験をすでに持っている人や、自分の知らない世界を知っている人だ。人間は道を探していたり、道に迷っていたりする人を見ると放っておけない。それも「相手の中に自分を見る能力」の一つだ。学ぼうとしている人の中にかつての自分や将来の自分を見つけ、足りない知識を補おうとする。

人間の社会はこの高い共感力によって作られてきたと言っても過言ではない。地域共同体は人間の互酬性《ごしゅうせい》と向社会性によって支えられている。「互酬性」とは、何かをしてもらったことに対して応分のお返しをすること、「向社会性」とは、自分よりも相手を優先させて奉仕しようとすることである。どちらも、ともに生きている仲間に対して共感を抱かなければ成り立たない。また、人間の共同体は閉じた組織ではなく、人びとは他のさまざまな共同体や組織と行き来して暮らしている。そのときに必要なのは、自分がどの共同体や組織に属しているかというアイデンティティと、自分が活動する世界や社会についての知識である。人びとの移動が活発になり、組織の規模が拡大し、組織同士の関係が複雑になると、必要な知識は増大する。だから近年になるに従い、子どもたちが学ばなければならないことは飛躍的に増えて、ますます教育の必要性は強まっていると考えられる。

現代の教育の問題は、子どもたちが学ぼうとする知識のありかとその伝達の方法が変化したことにある。つい最近まで知識は人と書籍を通じて伝えられるものだった。子どもたちが学ぼうと思ったら、その知識や技術を持っている人に直接教えてもらうか、それが詰まっている書物を読むか、自分で直接実践して体験するしかなかった。ところが、人に聞かなくても、本を読まなくても必要な知識が得られるようになった。インターネットでデータベースにアクセスすれば、いくらでも知識は得られるし、自分では気がつかなかったことまで教えてくれる。質問したい項目をネットに直接投稿すれば、誰かが答えてくれる。ネットの中のアプリケーションを選べば、複雑で習得に手間のかかる技術を模擬体験することができる。相手は機械だから別に気を使う必要もないし、知識や技術を習得しても金を払うだけで感謝する必要もないし、特別な社会関係ができるわけでもない。

こういうネット世界に子どものころから慣れ親しんできた学生にとって、知識や技術は人から学ぶものではなくなっているかもしれない。しかし、人間が長い進化の過程で発達させてきた共感能力や、目標を持って歩もうとする心、他者の知識の欠落を埋めたいと思う気持ちは変わらない。その結果、教育はおせっかいな、受ける側にとってはわずらわしい行為となり、かえって人間関係を崩してしまう。現代の教育現場が抱えている問題は、学びたい心と教えたい心をどうやって一致させ、現代に合った人間形成につなげるかということにあると思う。

第6章
これからの大学教育を模索

一・大学の教育とは何か

教育とは本来「贈与」であると私は思う。動物の「教示行動」の定義にあるように、教育をする者も受ける者も互いの知識や技術の違いに対して合意していて、教育する者はそれを自分が不利益を被ることを承知で与える。だから、教育はサービスでもビジネスでもない。教育者は学生にその見返りを求めてはいけない。

「贈与」であれば、学生がそれをどう受け取り、それをどう生かそうとも教育者が口をはさむ余地はない。現代は教育の効率やその成果がとかく問題とされるが、教育とはそれを受けた学生がその人生を豊かにする上で役立てばいい。教育者の思惑通りに学生が育つことが教育の成果ではないし、ましてや、それを効率化しようとしても学生が育つとは限らない。

ただ、教育とは人間の持つ高い共感能力を発揮する場だということを忘れてはいけない。人間以外の動物は教育されなくても自分で学ぶ。共感能力を使わなくても学べることは多いのだ。動物と違うのは、人間が目標を持つことだ。小さいころから、誰かのようになりたい、あんな能力を身につけたいと思う。モデルは実在の人間でなくても、人間ですらなくてもいい。物語に登場する英雄や、ライオンやトラなどの動物に憧れることもある。その目標はおとなにもわかる。だからこそ、子どもたちを導いてその目標を遂げさせるように協力するのである。また、子どもたちが間違った目標を抱いていることもわかるから、それを何とかして正しい方向へ向けさせようとする。これらの行為はすべて高い共感力の仕業である。教育とは究極のお節介なのだ。

人類は付き合う仲間の数を増加させ、その社会的複雑さに対処するために脳を大きくしてきた。脳は社会脳として発達し、そこには感性を司る「意識」と、知性を司る「知能」が収められている。これら二つの機能ははっきりと分けられるものではなく、互いに組み合わさって思考力、判断力、表現力を鍛えてきた。20万年前に現代人（ホモ・サピエンス）が登場し、5万年前から文化が爆発的に拡散し、1万2千年前に農耕・牧畜という食糧生産が始まって人口も人びとの交流も一気に増大した。農耕が開始されたときに500万〜800万だった人口は、それから産業革命、情報革命を経て現在78億に達するまで急増した。とくに、ここ100年間で人口は4倍に増加しており、医療の普及や防災などの科学技術の発達によって死者が大幅に減少したことがわかる。しかし、実は脳の大きさは20万年前にホモ・サピエンスが登場したときのままで、ちっとも大きくなっていない。むしろ、農耕・牧畜が始まったころに比べて10％ほど小さくなったという報告もある。これはなぜだろうか。

その理由は「言語」の登場にある、と私は思っている。ことばは環境や現象を記号化して、人に伝える道具である。重さがなくて自由に持ち運べるし、時空を自在に超える。相手が見ていないことや経験していないことを伝えられるし、未来のことや空想上のことも共有できる。しかも、ことばは事物を一語で抽象化できるので、脳に貯めておく容量が格段に節約できる。さらに、5千年前に文字が登場して記憶や知識は外に出せるようになった。ことばを文字化して本に印刷し、外付けのデータベースに収めることができるようになったのである。150年前の電話の発明、40年前のインターネットの登場によって、さらに情報革命は加速した。現代はスマホの時代である。デジタル社会になって、IT企業などのプラットフォーマーによって情報が集約され、個人が自由な裁量で行為を決定できなくなりつつある。記憶する事柄が減り、考える必要も薄れて、人間の脳はその容量を小さくし始めたのではないだろうか。

情報革命によって置き去りにされたのは人間の脳の「意識」の部分である。意識は情報化できない。好き、嫌い、快、不快、澄み渡った気分、敬虔な気持ちなどは情報として共有するのが難しい。だから、情報化できる知能の部分だけを取り出して人工知能を発達させたのである。インターネットやスマホの中には情報化された膨大な知識が浮かんでいる。キーワード検索をすれば必要な知識はすぐ手に入るし、目標を与えれば人工知能は与えられた情報をもとにあっという間に答えを出してくれる。それが効率優先の時代に見事に合致したからこそ、デジタル社会が拡大したのだ。

現代の学びは急速に変わりつつある。知識は人に学ばなくても、本を読まなくても、インターネットですぐに入手できる。だから、学生は知識を学びに大学に来る必要はない。では、何を学びに来るのか。いまの時代にわかっていることではなく、わからないことは何かを知るために、そして自分と異なる個性を持った人との出会いを通して自分の可能性と向き合うために来るのである。インターネットを通じて既知のものは手に入るが、未知のものはわからない。この世界はまだ多くの未知のことが眠っている。それは、適切な問いを立てなければ見えてこない。

大学の教員とは、自らの研究を通じてその問いを立て続けてきた経験者である。それらの問いに対する答えはインターネットではなく、それぞれの研究者の中にある。それを学んで自分の問いを立て、自分の答えを見つける。それが自分のアイデンティティになり、自分の可能性を導いてくれる。大学の学びとは、用意された問いと答えの中に自分を見つけるのではなく、未知の世界の中に未知の自分を発見する作業なのだ。大学という環境、教職員、そして学友たちがそれを後押ししてくれる。

だから、大学の教員は自分の学問分野の中でこれまで立てられた問いや答えとともに、自分独自の問いと答えを持っていなければならない。大学の教員には教員免許はない。研究者であるという自負と実績があるだけである。その理由は、小中高の教育のように既存の知識を教えるのではなく、未知の答えにたどり着く方法を教え、未知の自分に出会う道へと学生を送り出すことが求められているからだ。そのために、大学の教員は常に自分の学問分野の広がりと深さについて熟知し、自分も未知への挑戦を続けていなくてはならない。大学教育で学んだ学生は、これから社会に順応するだけではなく、これから新しい社会や世界を作っていかねばならない。大学はその可能性を広げる場である。

では、これからの時代にどのような能力がとくに必要になるのか。世界と時代の動きを見極められる視座を持ち、たしかなアイデンティティと目標を備えるとともに、他者の気持ちと考えを理解できる能力が必要だとよく言われる。たしかにそうだ。しかし、それらに加え、①状況を即断し、適応できる、②自己決定ができる、③危機管理ができる、④他者を感動させる、という能力が必要だと私は思う。これらはＡＩにはできない能力であり、とりわけ人びとの信頼を得るために不可欠だと思われるからだ。人間関係は情報ではなく、感性によって作られ、維持されている。そこには自分の利害を超えて、人の期待に応えたいとか、人を動かしてみたいとか、自分の承認願望を含む複雑な感情が働いている。それを敏感に察知し、人間の倫理や文化のルールに従って行動するには、これまで以上に直観力と共感力を鍛える必要がある。

現代は安全・安心を心がける時代だと言われる。安全は科学技術によって確保できるだろう。しかし、安心は最終的には人がもたらすものであり、周囲の人が信用できなければ日々の暮らしを作っていけなくなる。食事に毒を入れられたらとか、線路に突き落とされるとか思ったら、レストランに行くことも電車に乗ることもできなくなる。デジタル社会は、人びとがどこで、どのような情報でつながっているかわからない社会であり、それゆえ安心な暮らしを送るためには、真に信頼でき、頼ることができる人びとの輪を作ることが不可欠になる。それには情報通信機器を通じて頭だけでヴァーチャルにつながるのではなく、人びとと五感を駆使してつながる方法を実践しなければならない。

二・高校教育と大学教育

さて、その上で現在の高校教育と大学教育のあり方を考えてみたい。大学で教員をしている目から見ると、いまの高校教育は義務教育の延長で、しかもプロのスポーツ選手の養成機関か、受験戦争に勝ち抜くための技術指導に特化している。そのため、研究型大学である京都大学と高校との接点は入学試験だけということになる。ＳＳＨ（スーパーサイエンスハイスクール）などの高度な自然科学教育をやっている高校に大学や研究所の教員が協力する例もあるが、基本的に高校と大学の教育ははっきりと区別されている。その大きな違いは、高校は正確な答えを出すための教育であり、大学は問いを自分で立て、多様な答えを見つける教育だということであろう。

実はこの違いはとてつもなく大きい。世の中に答えのわかっていることは少ない。過去と現在にわたってこの世界に何らかの現象が起きたことは説明できるし、どんなことが起きたのかを問うことはたやすい。しかし、なぜその現象が起きたかを問うことは難しい。答えがまだないか、複数の答えが考えられるからだ。たとえば、この地球に生命がなぜ誕生したのか、という問いに対してはまだ100%完全な答えはない。なぜゾウのように鼻の長い巨大な動物が現れたのか、キリンのような首の長い動物がいるのか、なぜ人間がアフリカに誕生したのか。答えは数限りなくあるし、それらの答えを立証するには多様な検証が必要だ。歴史的な事実についても答えは決まっていない。なぜルネッサンスが14〜16世紀にかけてイタリアで起こったのか。なぜ江戸幕府は300年も続いたのか。なぜバラク・オバマは黒人初のアメリカ合衆国大統領に選ばれたのか。これらの問いに答えるためにはそれぞれ膨大な歴史を紐解かねばならないし、歴史だけでなく政治、経済、地理、そして人間性に関する考察も不可欠になる。そういったことを高校では教えてくれないし、教科書にそれを考える手引きが載っているわけでもない。

第5章でも述べたが、高校生は人間として成長の過度期にいる。人間の脳と身体は同じような速度で発達するわけではない。人間以外の類人猿は生まれるときの脳容量は成熟個体の約半分である。ゴリラは250ccで、それがだいたい4歳になるまでに2倍になって脳容量の増加は止まる。しかし、人間の脳は生まれるとき350ccで類人猿より少し大きく、1年で2倍になり、5年でおとなの脳の90%に達し、12〜16歳で増加が止まって1500ccに達する。脳を急には大きくできないので、3段階に分けて成長させているのである。脳はたくさんのエネルギーを食う器官だから、身体の成長にかかるエネルギーを回す必要がある。そのため、中学から高校にかけて脳容量の増加が止まるころ、脳の成長に使っていたエネルギーを回せるようになって身体の成長が加速する思春期スパートとなる。

ちょうどこのころ、脳内で思春期開始のホルモンが分泌し始め、第二次性徴が発現する。心も身体もおとなになろうとして急速に変わり始めるのである。だから高校生は心身が不安定な時期にあると言っても過言ではない。まだ自分の能力がどういった分野に向いているか、どの世界で活躍できるのか、確信がない。変わっていく自分を少しずつ試しながら、自分の能力に目覚めていかねばならない。成熟した自分の姿を想像しつつ、自分が生きていく社会の仕組みを理解しなければならない。日本でも奈良時代以降、長きにわたって元服の儀式がこの年齢の男子に行われてきたのは、おとなになることを本人にも周囲にも確認させる意味であった。

高校生の教育とは、この時期に行われるということをもっと重視すべきであると私は思う。つまり、高校生にはさまざまな世界があることを教え、それらの世界がどういった仕組みや原理によって成り立っているかを正確に知らせることが重要である。また、一度自分の道を決めて歩み始めても、その道が自分に適していなければまだやり直しがきく段階にいることを自覚してもらう必要がある。自分が生きる世界は一つではないし、価値もその世界によって異なっている。ある世界でうまくいかなくても、失敗をしても、別の世界が自分を待っていてくれる。その前提に立って、世界の見方や考え方、人間の生き方を教えなければならないと思う。

ところが現在の高校教育は、既存の知識や技術を教えることに力点が置かれており、考える能力を鍛えてはくれない。大学に入学するのに必要な知識がまずあり、それを順に習得することになっていて、自ら問いを発してその答えを探すという学びにはなっていない。目の前に開かれているさまざまな世界の扉に立って、自分の能力を試すという機会も与えられていない。ある能力に秀でていたら、その能力を伸ばすような助言や環境を得られるようにはなっているが、あまり選択の余地はない。一度自分の道を選べば、あまりやり直しの利かない特別なトレーニングを積み、やがてプロへの道を目指すことが求められる。特殊な才能や能力を早くに認め、それを伸ばす努力をすることは大切であるが、個人の能力はそれだけではないし、まだ眠っている才能がいくつもある。そういった自分に気づき、自分に合った道を模索する時間をなるべく多く当てることが高校教育には必要ではないだろうか。

いまの日本の大学には、自分の能力をきちんとたしかめることをせず、知識ばかりを詰め込んで頭でっかちになった学生たちが入学してくる。彼らがまず直面するのは高校とはまったく違う、答えのない世界に放りだされることである。高校では履修する科目は初めから決められているが、大学では自分で選ばなければならない。もちろんシラバスを見れば講義の内容はわかるし、履修のモデルもある。どの先生の試験が通りやすいか、先輩に聞くことだってできる。しかし、とにかく自分で聞く講義や実習を選び、単位を取らなければならないのだ。講義や試験の方法もさまざまだ。教科書のない講義も多いし、試験ではなくレポートを出させたり、あるテーマについて議論をさせて採点することもある。試験も講義の内容について問うものではなく、自分の考えを述べる論述式のものがある。教科書や参考書を読んでいるだけでは十分ではない。

こういった経験をしたことのない学問の世界で、学生たちはあがき、迷い、しだいに自信を失っていく者が出てくる。講義について行けず、やがて出てこなくなったり、試験を受けるのを止めてしまったりする。それは一向に構わないのだが、そこであまり挫折感を持たないことが肝要だと思う。講義の内容がわからなかったり、ついて行けなくなったりするのは自分の能力がないからではなく、その学問に自分が適していないからだ。その場合は、いさぎよくあきらめて別の道を探した方がいい。近年、入学して1年もしないうちに休学する学生が増えているようであるが、それは高校生の間に自分の能力を試すことをしてこなかったこと、自分にまだ多様な世界が開かれていることを理解せずに大学へ入ってきていることに原因がある。そして何よりも、考える力が不足している。

たとえば、私が担当していたフィールドワークを例に取ってみよう。霊長類行動生態学の実習で、京都市にある嵐山モンキーパークに出向いて放し飼いになっているニホンザルの行動を観察する。サルたちの行動からどういうことがわかるか、それをどのようにして科学的に導き出すか、あらかじめその方法を解説してから、それぞれの学生に研究テーマを考えさせる。サルには優劣の順位がある。餌が播《ま》かれるとき、劣位なサルは優位なサルの前で餌が取れない。では、劣位なサルはどのようにして必要な量の餌を得ているのか。休息時間にサルたちは毛づくろいをし合うが、その相手は決まっているのか。決まっているとしたら、どういう相手を選んでいるのか。サルを見ているうちにさまざまな疑問がわくし、その疑問に対する答えを見つけるために適切な調査方法を考え出さねばならない。

フィールドワークでは5つの基本的な業が必要と私は思っている。まず答えの出せる研究テーマを考える。次に、研究対象に語らせる方法を考える。そして、実際にその方法を用いてデータを採る。データを分析して結果をまとめる。最後に、その結果をもとにテーマについて他の研究を参考にしながら自分の考えを展開する。これらの作業を自分一人で行うのだが、実習ではすべての学生が集まってそれぞれのフィールドワークの進み方を報告し合い、互いにコメントを出すことにしている。サルの観察は簡単そうに見えて、実際にデータを採るのは意外に難しいからである。

まず、なかなかテーマが見つからない。面白そうと思っても、答えを出せないテーマでは調査する意味がない。たとえば、サルたちが仲間のサルの声を聞き分けているのかどうか知りたいと思っても、観察だけでは聞き分けているという証明をすることはできない。声に反応しなくても聞き分けていないとは言い切れないからである。また、サルが播かれた餌に満腹しているかどうかをたしかめるのも難しい。食べるのを止めたから、と言って満腹したとは言い切れないからである。

さらに、自分が得たい情報をなかなかサルに語らせることができない。「語らせる」というのは比喩で、「データを採る」ことであるが、生きた生物が対象の場合は特別な配慮が必要だ。まず、サルを驚かせたり、怖がらせたりしてはいけない。そうっと近づき、サルを観察できる距離にいても、こちらの存在をサルが気に掛けないような状況を作ることが必要だ。嵐山モンキーパークでは昔からサルを餌付けして人間に馴れさせているので、観察者が近づいてもサルは意に介さない。しかし、餌付けしていない野生のサルはふつう人間を怖れているので、すぐに逃げてしまう。サルに気がつかれないように隠れるか、十分な距離を置いて双眼鏡で観察するしかない。サルたちがよく集まる場所にビデオやカメラを仕掛けて撮影するという方法もある。一度捕獲して発信機を取り付け、それを追跡して行動域や移動ルートをつかむ方法もある。

「語らせる」方法も多種多様だ。調べたいエピソードがよく起こる時間帯と場所を調べ、ひたすらそのエピソードの内容を記録する方法もあるし、1頭の個体をずっと追跡して、その個体の行動や交渉相手を記録する方法もある。群れ全体の活動状態をモニターするには、5分ごとにすべての個体の活動を記録するのがいい。要は、どんなことを調べたいかによるのだが、「語ってくれる」データを採らなければ答えを出すことができない。

それをまた、さまざまな統計手法によって整理し計算する。その上で、やっと自分の出した答えをテーマに沿って検討し、他の似たような研究結果と照らし合わせながら、自分の考えを練っていくことができる。ここが一番面白いし、骨の折れるところだ。自分の考えを開陳し、聞く人たちを納得させるためには、説得力のある理論を展開しなければならない。他人の言ったことをただ繰り返すだけでは面白くないし、独創的な考えでもあまりにも荒唐無稽では聞いている人が納得してくれない。自分が納得するだけでは単なるオタク研究になってしまう。だからこそ、みんなで耳を傾けてその考えをもみほぐし、批評し合うことが大切になる。

こういった経験をいまの学生たちは、まったく高校で体験することなく入学してくる。だからフィールドワークを体験するとみんな最初は大きな戸惑いを覚える。思うようにテーマが見つからない、データをうまく採る方法が思いつかない、結果がうまく出ない、自分の考えがまとまらない、といったトラブルに陥る。これらすべてを自分の責任でこなしていくのが、フィールドワークの醍醐味であり、大学で習得する知の技法の一つであると思う。

このように、大学で出合う学問はどれでも一つの分野の知識だけではなく、他の分野の知識を動員して自分の考えを練るところに特徴がある。物理学に経済の原理を応用したり、科学と社会学、数学と生物学を横断して考えを広げたり深めたりする。その面白さを研究の世界で活躍している人たちといっしょに味わうことが大学の大きな魅力である。ときには非現実的なことを空想したり、非論理的な考えも交えたりしながら、討論する楽しさを知り、やがてそこに浮かび出た独創を実践の世界に生かす能力が培われていくのである。
高校教育と大学教育のギャップはあまりにも大きい。今後、このギャップを埋め、もっと大学教育に近づける改革をしていくべきだと思う。

三・京都大学の教養教育

さて、ではこれまで述べてきた大学教育のあり方に基づいて、京都大学の教養教育とはどうあるべきかを考えてみることにする。以下の文章は、私が京都大学の総長になる前に、書いた原稿を手直ししたものである。

　京大に入ってくる新入生は激しい受験勉強を勝ち抜いてくる。高校ではみな必死に「正解を出す技術や知識」を磨いてくる。しかし、それは知るべき世界のごく一部であることをまず理解することが重要だと思う。まだ答えのない問題が多いし、答えが一つではない問題もある。ましてや現代の情報社会には、間違った情報や偏った情報が充満している。それを自分なりに整理し、新たな問いを立てて、その答えを見つけながら自分の世界観を構築していかねばならない。その作業には指針とガイドが必要であり、それを実行するのが教養教育であると私は思う。

しかし、教養教育に携わる大学の教員は教育のプロではない。小中高の教員のように教育に関する学習を積み、その資格審査を通ってきているわけではない。ではなぜ、そのような教育技術に未熟な教員が教養教育を行うのか。それは、それぞれの教員が自分の研究という現場を持ち、その現場から、そして現在の研究に至る道程で得た自分の知識を通じて、大学生に教養を伝える意義が大きいからである。

前述したように、世界は答えのない問いに満ちている。大学の学問はそれらの問いをすくい上げ、それを正しく扱う考え方や解決方法を学び、自らの答えを出すことにある。その指針とガイドは、その作業を長年にわたって実施し、未知の出来事に対して自らの知識と思考を磨き上げてきた教員でなければならないのである。ただ、だからと言って大学の教員が教育技術を磨く必要がないわけではない。むしろ積極的に、古今東西の教育現場を広く見渡し、現代の学生気質や教育に利用できる設備、方法などを常に見極め、いかに学生たちが自分の能力を開き、教養という海にこぎ出すことができるかについて、ＦＤ(Faculty Development＝教員が授業内容・方法を改善し向上させるための組織的な取り組み)

などを通じて研鑽を積むことが不可欠である。

教養教育には多様性、階層性、体系性が必要である。自分がいかに狭い学問分野で活動していても、そこに新しい発見を加えるためには一見自分の学問には関係ないと思われる分野からも知識や発想を得なければならない。大学の教員はそれを痛いほど自覚しているはずである。だから、教員は自分の学問の関連領域に常に目を光らせ、基礎的な知識や新しい情報を得ることに不断の努力を欠かさない。教養教育に携わる教員は、その経験を生かし、自分の学問分野だけではなく、その関連分野についても知識と思考を学生たちに伝えることができるはずである。

京都大学には多くの異なった学問分野を目指す学生たちが入学してくるし、それぞれに蓄積してきた知識は異なっている。教養教育に携わる教員はそれらの違いを考慮して、まず基礎として必要な知識をすべての学生に共通に提供するとともに、自分の経験からそれらの知識をどう整理し考えをまとめるかについて伝授するべきである。

すなわち、学生が自ら主体的に学び、考え、行動できる方法について教授しなければならない。そのためには講義の内容を自分だけでデザインするのではなく、同じタイトルの講義を行う教員と協議し、学生に伝えるべき基礎的な教養について共通の教材を用意することが必要になる。多様な問いと多様な答えを自らが思考し導き出すために、まず共通の基礎知識が不可欠と考えられるからである。京都大学が求めている「自学自習」とは、自分一人で学ぶことではない。教員を含め多くの仲間とともに考え、切磋琢磨するなかで自分の思考を鍛えることにある。それにはまず、仲間と共通の知識を得て、同じ土俵に立たねばならない。その環境を整え提供するのが教員の大きな役割である。

自然科学の教養教育は、裾野の広さが求められる人文系の教養教育とは少し性格が違う。それは、より高度な課題を理解するためにはどうしても基礎的な知識を階層的、体系的に習得する必要があるからである。そのため、初年次から学部、大学院へ向けて高度な専門への基礎教育を積み上げ方式で実施することが求められる。しかし、かつての教養部のように、1・5年の基礎教育を専門教育から切り離して実施するのではなく、先端的な専門知識を見据えた基礎教育を「ゆるやかな専門化」によって連続的に行わなければならない。欧米の研究型大学ではノーベル賞受賞者級の学者が初年次教育に参加するのが常識になっているし、京都大学でもその方式を採用しているからこそ全国の優秀な高校生が競って受験してくる。

初年次教育は、世界の最先端がどうなっているかを遠望しつつ、それを目指しながら必要な基礎知識を学ぶ場でなければならず、そのためには高度な専門と基礎を自由に往還しながら知的好奇心を高めるような教育が不可欠なのである。自然科学の教養教育が階層化、体系化を必然とする理由はここにある。まず高度な専門領域へ進むための基礎知識をしっかり身につけると同時に、その先にどんな魅力ある課題が潜んでいるかを理解し、体系的な学問のつながりを認識した上で、自分なりの考えを鍛えていく指針を与えていくことが求められているからである。

京都大学に入学してくる学生は、ただ知識や設備を求めてやってくるわけではない。京都大学にひしめく知の先駆者たちが繰り広げる知的世界に好奇心を燃やし、そこに参加することを夢見てやってくるのである。その知的世界を伝えるのは教員であって、知識や設備ではない。研究の先端に位置する教員がその重い扉を開け、それぞれが関与する分野の学問へ学生たちを導かなければ、躍動する知識と自在な考え方を伝えることはできない。そのためには、教員と学生との信頼関係を構築することが欠かせない。大学の教員と学生は、教え、教えられる関係なのではなく、ともに学び、ともに考え、ともに未知の領域に挑む同志なのだということを忘れてはならない。そうでなければ、大学は知的探求の場でも、自立的な思考能力を鍛える場でもなく、単なる知識と技術を習得する場所に堕してしまうと思う。

最後に、かつて京都大学で名物教授として名を馳せた通称モリキこと森毅の言葉を挙げておこう。モリキによれば、大学教員は役人と芸人の二重性によって成立するという。たしかにその通りで、人によってはどちらかの色がより濃く出る。モリキは芸人であることを愛し、それがより自由の本質に近いからだと述べた。昔は彼のように芸人の色が濃い教員が多かったように思う。いまはあちこちに役人色の濃い教員が目立つ。私はむろん芸人色を出したいと思っているのだが、はたしてそれが許される時代がいつまで続くのか、大きな不安を抱いている。

四・京都大学のチャレンジ

こうした考えと時代の流れを考慮して、総長に就任後すぐ「ＷＩＮＤＯＷ構想」を立ち上げたわけであるが、これはすでに述べた（29頁）ので繰り返さない。大学を社会や世界に開いた「窓」と見立て、学生をその窓から飛び立たせることを教職員の共通の目標にしたのである。とくに、現代の若者は都市生活とＳＮＳなどの情報通信技術に慣れきってしまっているので、もっと自然に親しみ、野生的な精神を涵養しなければと思った。

京都大学が実施した新しい企画は膨大な数に上るし、そのほとんどは私が主導したというよりも理事や副学長をはじめ、執行部を支えてくれた教職員が考え出したアイデアに基づいている。だから、あらためてそれらをいちいち述べるよりも、私が印象に残っているものを少しだけ語っておこう。

大学のミッションは、教育、研究、社会貢献であるが、これらは密接につながり合っている。ドイツのハンブルクで開かれた学長会議でも、大学のミッションとしてフンボルト思想、すなわち「大学は研究と教育が一体となっていかなければならない」という精神を重んじることで一致した。教員はまず研究者でなければならず、その研究の舞台に学生を参加させて教育を実施することが求められているのである。

高等研究院

京都大学は世界でも先端的な研究を行う大学として知られている。それをまず学生も教職員も自覚して発信することが重要であると考え、「高等研究院」という部局を創設した。院長には数学のフィールズ賞受賞者の森重文さんになってもらい、定年制をなくして次々に先端的研究者を構成員として組み入れた。後にノーベル賞を受賞した本庶佑《ほんじょたすく》さんもその一人である。京都大学では科研費などの外部資金を取得した場合、その間接経費の半分は本部経費として利用することになっているが、高等研究院にはすべてを渡し、外国人の研究者や職員を多く雇用するなど、自由な采配を取ってもらった。ノーベル賞受賞者の山中伸弥さんには、もう一つの目玉であるｉＰＳ細胞研究所を基礎研究から応用、ｉＰＳ細胞供給にいたるまで幅広く運営してもらい、公益財団法人の設立までこぎつけた。これは大学における研究の役割の未来形を示す好事例となったのではないだろうか。

海外への拠点

留学生、海外の研究者、海外との共同研究を増やすために、「海外拠点の活動」を強化し、その数を増やした。新設したのは北米拠点（ワシントンとサンディエゴ）とアフリカ（エチオピア・アジスアベバ）である。すでにあるハイデルベルクとバンコクにも訪問して、京都大学の同窓会を開き、交流を重ねた。アフリカには同窓会組織がなかったので、各国をまたぐ同窓会組織を作り、オンライン参加も含めて毎年のように交流している。また、京都市内の２カ所に留学生や外国人研究者の宿舎を新設した。

教育では、「国際高等教育院」という学士課程の教養・共通教育を司る組織で、科目の見直しや内容の変更など大規模な改革を実施した。この時点で、1990年代の教養部廃止の弊害はほぼ解消したし、基礎・教養科目から学部の専門科目への移行がシームレスにできるようになった。

留学生や外国人教員の数も順調に増えていったが、海外の優秀な留学生をリクルートするために、Kyoto iUP（international Undergraduate Program）を立ち上げた。これはASEAN（東南アジア諸国連合・10カ国）諸国の高校生を対象にあえて日本語の能力を前提とせず、しかし入学前に半年の日本語研修を受けて、入学後は日本人学生と一緒に日本語の授業を受けられるようにする仕組みである。アジアの優秀な学生は日本で学びたがっているのに、日本語が壁になって一般入試が受けられない。それをサポートし、さらには学費や生活費を支援して京都大学で学んでもらおうという仕組みである。少人数の枠ではあるが大変な人気を呼び、とても優秀な学生が入学して大いに刺激になっている。これまでは文科省も国費留学生の目的を「日本で学んだことを将来自分の国で役立てる」こととしていたが、最近は「日本や日本の企業で役立てる」ことも主眼となっている。であるならば、英語ばかりでなく、日本語の能力をつけることも必要だと考えたわけだ。実際、ASEAN諸国では日本語を教える高校が増えているし、日本語ができる高校生は英語も達者であることがわかった。

4つの学域・40学系

さて、特記すべき新企画は京都大学の指定国立大学構想に盛り込まれている。私が総長になってから、それまで各研究科や研究所、センターに分かれていた教員組織を、4つの学域（人文・社会科学域、自然科学域、医・薬学域、学際学域）と40学系に統合し、人事や予算をその単位で実施することにした。そこで生じるさまざまな問題を教員からボトムアップで吸い上げ、それを新しく作った企画・調整会議で議論することにして、プロボスト（議長）を置いた。これで、人事や予算がずいぶん透明になり、部局をまたいだ理解が格段に進んだように思う。

また、京都大学が誇る59の海外拠点（ほとんどは部局が中心になって運営している）や施設を中心に海外の優秀な研究者や留学生を募り、とくに本部が運営する4つの拠点には留学生リクルーティングオフィスを設置した。これらを中心に海外の大学とダブルディグリー（連携する双方の大学で学位を授与）やジョイントディグリーの仕組み（連携する大学が共同で単一の学位を授与）を作り、双方の大学で学ぶ環境を整えた。講義を世界に無償で配布する大規模オンライン講義（ＭＯＯＣ）や無償公開講義（ＯＣＷ）を整備し、私自身もＭＯＯＣで「Evolution of Human Sociality」という講義を配信した。受講者に私の研究室の学生たちが質問を出し、面白い回答を示した学生数人を世界から招へいして京都大学を案内したのは、素敵な思い出として残っている。

財務基盤の整備

また、何といっても指定国立大学構想の主眼は「財務基盤の整備」であった。私が総長になる以前に京都大学は知財や特許を扱う会社と投資をする会社を持っていたが、新たに企業のシンクタンクやコンサルティングをする「京大オリジナル」という会社を立ち上げた。産学連携本部が中心となり、この3会社を一体となって運営して企業との連携を進めた。イノベーションを起こせる大学内のシーズと企業のニーズをつなげる活動をしている。ベンチャーの投資事業も好調で、このところ大学発のベンチャー数は日本で最も多くなっている。前述した丸の内の京大東京オフィスで、京大の知を利用したさまざまな講義を開講し、企業向けの研修を実施した。さらに、海外にも大学、研究所、企業と連携するオンサイトラボ（On-Site Laboratory）を設け、産学連携の輪を広げている。これまで海外の研究者が京都大学に来て実験や分析をしていた共同研究がどちらでも、あるいは両方でできるようになった。この数は急速に増えている。

おもろチャレンジ

公的資金や補助金ではなく、独自の資金で立ち上げた企画もある。私は「おもろい」という言葉を教育でも研究でもキャッチフレーズにしていたので、「おもろチャレンジ」、「学生チャレンジコンテスト」、「学際研究着想コンテスト」、「京大おもろトーク」、「京大変人講座」など新しい企画が次々に立ち上がった。「おもろチャレンジ」は、3週間以上の海外体験計画を自分だけで企画し実践する者に最大30万円助成する。学部生を中心に募集し、毎年5倍近い応募がある。行き先はアジアやアフリカなど発展途上国が多いのが特徴である。京都大学は海外に拠点を作り、アジアやアフリカのフィールド研究を中心に多様な共同研究を実施している。若いうちからそういった拠点を生かして海外体験を積むのが望ましい。しかも、この企画は教員の審査で「おもろい」と判断されたものが選択される。「おもろい」という関西弁は自分だけでなく、相手を面白がらせ、しかもその相手からの支持を取り付けることが条件づけられている。「おもろいなあ」と言った後に、「ほな、やってみなはれ」という言葉が続かなければだめなのだ。他者を感動させる、という能力を発揮して獲得しなければならない企画なのである。

「学生チャレンジコンテスト」は学生たちが「おもろい」活動計画を立て、教員審査で認められれば、それをＷＥＢに載せてクラウドファンディングで一般から資金を募る。学生の起業家精神と、自分たちの活動を社会に説明して賛同を得る能力を鍛える試みである。

「学際研究着想コンテスト」は、異なる分野の研究者や学生が組んで常識を破る研究計画を企画し、それを口頭とポスターでプレゼンして、互いに、そして産業界を交えた審査員によって賞金を競う。これは破壊的イノベーションの創出につながる試みだ。こういった企画には、京都大学の卒業生で産業界のトップに立つ人たちが作った鼎会《かなえかい》という組織から支援金をいただいた。総長になってから、私は国内外の同窓会組織の新設や拡大に力を入れてきたが、さまざまな支援や助言は本当にありがたかった。歴史の古い大学は卒業生からの小言も多いが、激励の言葉も多く、苦境を乗り越える上で大きな励みになった。

おもろトーク

総長着任直後に始めた「京大おもろトーク」は、京大にアートの発想が欠けていることから、ちょっと奇想天外なアーティストを呼んで話を聞き、教員たちと鼎談《ていだん》をする試みである。最初は大蔵流狂言の茂山千三郎《しげやませんざぶろう》さんをお呼びし、メディア・アーティストの土佐尚子さんと私の3人で鼎談をやったし、2回目はモナ・リザの絵やマリリン・モンローの写真に自らの姿を重ねるセルフポートレイトのアーティスト森村泰昌さん、3回目は火薬や花火を使うアーティストの蔡國強《さいこっきょう》さん、ほかにも「0円ハウス」などの作品で有名な坂口恭平さんたちを招いてトークを公開したりした。この試みは2年間で終了したが、その後継として学内で自称他称「変人」と呼ばれる人を囲んでそのいわれを徹底的に探る「変人講座」が登場した。いずれの企画も学内の教員や職員が考え出したもので、私はその後押しをしただけである。みんなが「WINDOW構想」を面白がって、それに合う企画を発想してくれたおかげだと思う。

高大接続

高大接続の企画にも力を入れてきた。週末に全国から高校生に集まってもらい実施している「最先端科学の体験型学習講座」(ELCAS)、各地の教育委員会が推薦する高校生チームによって競う「サイエンスフェスティバル」、大学院生を高校へ派遣する「学びコーディネーター事業」、「女子高生車座フォーラム」など。一般入試とは別に、特別難しい問題を解かせたり、学びの設計書を提出してもらったりして熱意のある高校生を選抜する特色入試や、前述したKyoto iUP（181頁）などの企画を実施して、多様な学生を入学させることを心がけた。

これらの試みは、京都大学の伝統である「対話を根幹とした自由の学風」を守り、さらにそれを時代の流れに合わせて発展させようという意図の下に行われた。

これからの学問は先端性、独創性、学際性、国際性が求められる。しかし、いくら大学の環境を整えても、学生が気概を持って未来へ挑戦しなければ、その効果は望めない。不確定性が増す時代にあって、学生たちは未来を見通せずに内向きになりつつある。何しろこの10年で、いまある職業の半分がなくなると言われているのだ。いま役に立つ能力はすぐ役に立たなくなる。それを見越して、まだ現れていない夢を描き、それを現実にできる能力を磨かねばならない。そのためには、若い世代だけではなく、いったん社会に出た人たちも、異文化の世界からも多様な人びとが大学に集って対話や協働体験を重ねねばならない。目先の利益を求めず、贈与として教育を実施する大学はそのための最善のコミュニティになるに違いない。

第7章
未来社会と学術の役割

一・いまわれわれが抱えている課題

21世紀もその5分の1の期間が過ぎ去ろうとしているいま、私たちが抱える課題は、地球市民としてのグローバルな視点から導き出さねばならない。それにはまず、私たちが「人新世」（Anthropocene）という時代にいるということを自覚する必要がある。

人新世とは、小惑星の衝突や火山の大噴火に匹敵するほどの影響を人為的な活動がおよぼしているとして、これまで大きな地質学的な変化によって区切られていた地球の歴史が、人間活動による変化によって区切られるべきだとする考えである。地質区分においては、現代は1万1700年前に始まった新生代第四紀完新世の時代だが、1950年代からは人新世となる。それは、この時代に人口の急増、大都市化、大量の工業生産物、人と物の急速な移動によって、二酸化炭素の増加、温暖化、海洋の酸性化、熱帯雨林の減少といった地球環境の重大な変化が起こっているからだ。

成長の限界

すでに1960年代のレイチェル・カーソンによる著作『沈黙の春』によって化学物質の危険性が、1970年代のローマクラブの「成長の限界」によって地球の有限性が指摘されているが、21世紀になってからヨハン・ロックストロームによって提唱されたプラネタリーバウンダリー（地球の限界）という考えが登場している。これは、地球にとっての安全域や程度を示す「限界値」を有する9つの地球システムを表す指標で、このうち生物多様性（種の絶滅率）、人為的に大気中から除去された窒素とリンの量がすでに限界値を超えており、気候変動と土地利用の変化も限界値に近づいていると指摘されている。

そこで、2015年に開かれた第21回国連気候変動枠組条約締約国会議（COP21）では、産業革命前と比べて世界の平均気温上昇を「2度」に抑える協定が採択された（パリ協定）。加えて、平均気温上昇「1・5度」を目指すとされ、締約国は削減目標を示すことが義務付けられている。日本は、2030年までに2013年比で温室効果ガスの排出量を46％削減し、2050年までに実質ゼロにすることを宣言した。これを達成するのは容易なことではなく、さまざまな努力や技術革新が必要である。

持続可能な開発のため

２０１５年にはもう一つ、国連で重要な決定がなされた。２０３０年までの長期的な開発の指針として、「持続可能な開発のための２０３０アジェンダ」（ＳＤＧｓ）が採択されたのである。誰ひとり取り残さないことを目指し、先進国と途上国とが一丸となって達成すべき17の目標と１６９のターゲット（具体的目標）で構成されている。また、それに先立って２００６年には国連で金融業界に対し、投資分析と意思決定のプロセスにＥＳＧの課題を組み込むことが提案された。

ＥＳＧとは環境・社会・ガバナンス（Environmental, social and corporate governance）で、投資家が企業への投資をする際に、その会社の財務情報だけを見るのではなく、環境や社会への責任を果たしているかどうかを重視すべきだという提言である。それによって、世界中の企業はＥＳＧに基づく経営戦略を考慮するようになり、ＳＤＧｓの目標達成を大きな指標にするようになったのだ。日本の企業も率先してＳＤＧｓの課題解決を企業の努力目標に掲げるようになった。日本はＳＤＧｓの課題先進国であり、いくつかの分野では課題解決先進国とさえ言われている。これらの課題解決には学術の力が不可欠である。

人口問題

日本が直面しつつあるのは人口の減少と少子高齢化である。日本は2010年ごろから人口が減少し始め、2050年には9744万人となり1億人を切る見込みだ。2020年の合計特殊出生率（一人の女性が生涯に産む子どもの数）は1・34で、これが伸び悩めば人口縮小に拍車がかかる。一方、65歳以上の高齢者人口はこれまでの40年間で4倍になり、2060年ごろには高齢者の全人口に対する比率は40％に迫ると予想されている。さらに、人口の都市集中によって地方の過疎化が進み、限界集落が急増している。2040年までに自治体の約半数が消滅するという試算さえあるのだ。

働き手となる若い世代が減れば、これまでの年金制度が立ち行かなくなり、地域行政や産業振興に多くの支障が生じる。この人口減少と少子高齢化の問題は、日本が世界で最初に直面するが、日本に続き韓国、中国、インドなどアジア諸国やドイツなど欧州の国々が直面することが予想され、日本が世界に先駆けて解決すべき課題となっている。

それらの問題を情報通信技術（ＩＣＴ）で解決しようというのがSociety 5.0が目指す超スマート社会である。

ビッグデータをもとに人工知能（ＡＩ）を使って画像診断をする医療技術が急速な発展を遂げている。病院が近くになくても遠距離診断で治療法を確定し、薬を処方する。人手の足りない部分を情報技術やロボティクスによって補い、スマート農業やスマート漁業を創出する。的確な需要予測や気象予測をもとに、多様なエネルギーによって安定的にエネルギーを供給する。さらには、どこでも手軽に情報を入手でき、家庭やオフィスの多くの作業を遠隔操作できるスマートシティが構想されようとしている。

人はいないけれども、第5世代移動通信システム（5G）のデータ基盤に基づき工場は稼働し、畑では土壌や環境に応じた最適な品種や管理方法が提案され、必要な作業が進行する。必要なデータのオープン化が図られ、新しい製品の開発、物流、販売、消費までの流れをＡＩによって効率的に管理し、人はその過程のさまざまな分野に自由に参加できる。そういったスマート社会が検討されている。

こうした技術は、気候変動や地殻変動を予測し、災害を未然に防止することにも役立つことが期待されている。これまでに集積された膨大なデータを基に、噴火、地震、津波、台風、豪雨、豪雪、竜巻などに関する確率の高い予想を立てることが重要になる。災害用のロボットは人間の能力を超えるような作業が必要となる環境で、大いに力を発揮するだろう。現在開発中のスマートフォンを利用した災害用のアプリケーションは、人びとに災害の現況を正しく伝え、的確に避難できるように誘導することが期待される。これらの技術や情報を国際的に共有することで、日本は世界の人びとの安全に大きく寄与することができるだろう。

ただ、ＩＣＴは正しいことに使われるとは限らない。わざと間違った情報を流して人びとを誤った方向へ誘導したり、個人情報を盗んで悪事に利用したりすることも目立って増えている。フェイクニュースが時には一国の命運を左右する場合もあるのだ。そのため、各国は機密情報の保持に躍起となり、情報セキュリティの技術向上を目指している。宇宙工学、海洋探査技術、ロボティクスなども軍事目的で使われる場合がある。現代の科学技術は災害の予測や防止など人間の福祉に用いられるばかりでなく、国の防衛や侵略の目的に利用されるということを、しっかりと頭に入れておかねばならない。安全確保のための研究開発と軍事利用が表裏一体で進む状況を、学術の観点からどう捉えるべきかが大きな課題となっている。

科学技術依存

科学技術への過度な依存は、人間の心身のあり方にも負の影響をもたらしかねない。急増する生活習慣病に代表されるように、長い間狩猟採集生活、さらには農耕生活に適応するように進化してきた私たちの心や体は、現代の人工的な環境とミスマッチを起こしている。このミスマッチを改善するには生活習慣を改め、人工的な環境を改善していく必要がある。ただし、人間そのものを新たな環境に合わせて変えていくことも、遺伝子編集技術や生体工学によって可能になりつつある。

最近、HIV陽性の父親との間にできた受精卵の遺伝子を変え、その影響がおよばないようにして誕生したデザイナーベビーが中国で報告された。この技術を発展させていけば、両親とは異なる遺伝子構成を持つ子どもを作ることができ、さらには放射能汚染や酸素欠乏といった過酷な状況に耐える性質を持った人間を作ることも可能になるかもしれない。ロボットと人間の体を合体させれば、深海や宇宙へと進出することも容易になるだろう。

しかし、そこまで人間の改良が進んだとき、人間の定義はいったいどうなるのか。人工的に改良された人間とふつうの人間との間に体力や知力の格差が生じ、もはや同等の人間として付き合えなくなるかもしれない。すでに、私たちは栽培植物や家畜を作り、人間以外の生命を操作し始めている。

現在、地球の約30％を占める陸地のうち、砂漠と南極が33％程度、森林が31％程度、牧草・放牧地・耕地が36％程度を占めている。地球上に暮らす哺乳類の9割以上は、人間と家畜とペット動物なのである。つまり、いまや人間が作り出した生命が地球上を覆いつくそうとしているのだ。人間を含めた生命のあり方について、いまこそ議論を深めねばならない。

エネルギー問題

一方、エネルギーの問題も深刻である。日本のエネルギー自給率は8・3％（2016年）と先進国の中でも低い状況である。1960年には58％、2010年には20％であった自給率がますます低くなっている。化石燃料は輸入に頼っており、これは環境の問題だけでなく、経済性や安全保障上の問題もある。原子力エネルギーは事故と廃棄物処理の両面で未解決課題が多く残され、再生可能エネルギーは出力の自然変動の調整や電力系統増設などの問題を抱えている。再生可能エネルギーによるある程度の発電は可能になったが、蓄電を含む送配電のＩＣＴ管理による電力系統制御は未解決である。これから人間がエネルギーをどのように使っていくのか、その需要をどのように予測し供給していくのかという問題には科学的解決が期待される。この他、自給率の低下傾向が継続している食料の問題や老朽化する社会インフラの問題も、私たちが抱える大きな課題と言えるだろう。

そういった議論をもとに世界観や人間観、人間の生きる意味など、現代の課題や課題の解決方法について社会に問うのがアカデミアの役割であり、大学はその中心になる存在である。大学は未来の社会を担う人材を育成し、さまざまな研究機関とともに研究力の中心としてイノベーションを創発する役割を果たしている。しかし、日本の大学は国立、公立、私立と存立基盤の異なる組織からなっており、経営の仕方にも大きな違いがある。海外の大学とも異なる点が多く、高大接続や就職システムのあり方について、早急に将来へ向けてのビジョンを示さねばならない。

高等教育

高等教育はいま、大きな転換期にある。世界の大学の学生数はこの10年間で1・5倍以上に伸び、もはや大学は少数のエリートを養成する教育機関ではなくなった。また、世界経済の大きな変動を受けて各国で国家財政が悪化し、国の資金で高等教育を担うことが困難になり、大学システムの変革を余儀なくされるようになった。国によっては授業料を大幅に値上げし、それを学生ローンにして就職後に給料から天引きする制度を作ったり、企業の投資や個人の寄付によって大学が自己資金を集めたりして、その運用利益で大学の運営費を調達するようになった。米国などいくつかの国では企業と同じ手法が大学の経営に適用され、資金の運用を図る専門家が雇用され、大学の評判を高めて富裕層の子弟や優秀な学生を世界から集めるようになった。学生は国を超えて動き、留学生獲得競争が大学間で熾烈になってきている。

この競争に日本は完全に出遅れている。2008年に立てた留学生30万人計画は2020年までに達成されたが、そのうち約9万人は日本語学校の学生で、高等教育を受けているとはとても言えない。また、欧米の大学には20％を超える25歳以上（相当数が社会人）の学生がいるのに、日本の大学で学ぶ社会人はまだ2％にも満たないのが現状である。日本の研究力や社会力を養うためには、留学生や社会人学生の大幅な増加を求めて高等教育の規模や質の向上を目指すべきだろう。

また、知識集約型社会の到来を受けて、政府はビッグデータの解析とAIを使いこなせるICT人材を、年間25万人育成することが必要との見解を示した。現在、いくつかの大学でデータ・サイエンスを学べる学部、研究科が新設され、カリキュラムが整えられつつある。数年前に文科省は、こういった時代の要請に合った分野の増設と引き換えに、人文・社会学系の学部や研究科の縮小や転換を大学に求めた。しかし、これは大きな誤りで、これらの学問分野の重要性は減るどころかむしろ増している。それよりも理系と文系の枠を超える総合的な視野を持った学問と学びの創出が急務である。

現在「国大協資料集」(2020年)で、学生のうち学士課程の78%は私立大学に、修士課程の59%、博士課程の68%は国立大学に所属している。また、学部に所属する留学生の83%は私立大学、とくに人文・社会学系に多く、大学院の留学生の63%は国立大学、とくに理工系に多く、大きな偏りが見られる。出身国はアジアが多く、とくに中国からくる留学生が半分以上を占めている。これからアジア諸国の人口が増えていくことを考えると、日本で学ぶ留学生の数も増していくだろう。留学生の多くは日本企業に就職したいという希望を持っているが、その半分ぐらいしか実際に就職できていないのが現状である。こうした留学生の動向に日本の高等教育がどう応えるか、日本の産業界の要請を考慮しつつ、国公私立の大学がどう分担して留学生を受け入れていくかが課題となっている。

さらに、高等教育を受けるにあたっての経済格差を是正するため、授業料の無償化が始まった。日本は米国や英国に比べると大学の授業料は比較的低額に抑えられているが、私立大学、とりわけ医学系の学部では高額な授業料が必要となることがある。授業料無償のEU諸国、授業料負担をいったん国が引き受け、卒業後の給与額に応じてそれを返還する仕組みがある英国やオーストラリアなどに比べると、まだ大学進学率が低い現状にある。日本の国民が平等に高等教育を受ける権利を行使でき、高度な知識と技術をもって社会に貢献するために高等教育を正しく位置づけ推進する必要がある。

二・10年後、30年後の世界はどうなっているか

今後の地球や社会の変動を確実に予測することは難しい。しかし、「プラネタリーバウンダリー」で警告されているように、人口が増え、人為的影響が加速する現代の状況を続けていけば、温暖化によって自然災害が頻発し、汚染が進んで人間の住める環境が減少し続けることは目に見えている。パリ協定に基づいて立てた各国の達成目標を確実に実行し、

ＳＤＧｓを世界共通の課題として解決を目指していくことが不可欠になる。

これから日本ではネットワークが縦横に張り巡らされ、物がインターネットで繋がれる（ＩｏＴ）ようになるだろう。大量の情報がＡＩによって分析され、効率の良い暮らしが可能になる。これまでのように資源や物ではなく、知識を共有し集約することでさまざまな社会的課題を解決し、新たな価値が生み出される「知識集約型社会」が到来する。経済も人の動きもより活発になり、分散や循環が社会や産業を動かす力となる。そういう未来社会ではいままで以上に、多様性や創造性とともに、グローバルな倫理観に基づく自己決定力や調整能力が必要とされるだろう。また、これまでの学術的成果の永続性は、学会などの学術誌や論文誌などによって保証されてきたが、多くのデータや論文がデジタル化される状況においては、その永続性を保証するとともに、持続的に学術の発展を提供できる新しい知的なインフラ整備が重要となる。

２０１８年に中教審が取りまとめた「２０４０年に向けた高等教育のグランドデザイン（答申）」には、高等教育を産官学民の協力のもとに支えていく仕組みとして「地域連携プラットフォーム」の設立が奨励されている。また、国土交通省は「国土のグランドデザイン２０５０」を策定して、人口減少社会の到来、巨大災害の切迫に対する危機意識の共有と対流促進型国土の形成を目標に掲げ、環境省は環境問題に取り組むことを通じて地方を元気にするプラットフォーム事業として「地域循環共生圏」づくりを挙げている。大学はこういった動きの中心になって国公私立の枠を超え、人材育成やイノベーションの創出に心がける必要がある。それぞれの大学の個性や特徴を発揮できるように産学が協力し、それを行政が支援する仕組みを作ることが重要となる。

複線型人生

2030年の社会は、これまでの単線型人生（教育→労働→老後）ではなく、複線型の人生が主流になり始めているだろう。複数の地域や組織に同時に属し、場所を頻繁に移動しながら仕事も余暇も楽しめる人生である。国内だけではなく、国境を越えて移動することも含まれる。それを可能にするためには、政府や企業の制度設計を変える必要がある。国籍や住民票を二つ以上の地域で持ち、複数の組織に雇用されながら余暇を十分に取る権利の創出である。総務省が推進しているマイナンバー制度も、複数の組織に所属している個人情報を一元化してさまざまな申請をしやすくする。今後、情報管理を徹底することによって、情報の漏洩やなりすましなどの犯罪を防止できれば、もっと用途を拡大できるだろう。ＩＣＴやＡＩによるコスト削減と効率化によって、複線型の人生設計はもう手の届くところにあるはずだ。

これからは生涯教育が人生にいろいろな意味を与えてくれる。学びに定年はない。働きながら大学へ通い、あるいは大学の持つ情報ネットワークを利用し、年齢に関係なく能力を高める時代になる。大学は学生を含め、多様な人びとが集い、さまざまな問題を話し合い、解決する場として利用されるだろう。そして、参加した人びとがそれぞれの暮らしをデザインし、社会や世界に直接間接に貢献できるようにネットで結ばれる。

２０３０年には、留学生が現在の2倍に増え、ますます日本社会へ定着する傾向が強くなっているだろう。彼らが日本で活躍するためには大学で知識や技術を習得するだけでなく、産業界や実社会で日本の文化や人間関係を肌で感じる必要がある。大学は地域連携プラットフォームやネットワークを使って連携を増やし、留学生だけでなく日本人学生も基本的にどこでも単位が取れるようになり、大規模オンライン講義（ＭＯＯＣ）や無償公開講義（ＯＣＷ）が増え、居住地や所属にとらわれない講義システムが構築されるだろう。

ＥＵはボローニャプロセスによって、学生の国や大学を超えた移動が可能になった。習得単位数や授業料、大学院の接続など、まだいろいろな問題があるが、こういった大学間の連携を日本でも推し進めれば、大学単位での入試や学籍の管理が必要ではなくなる。そのとき、全国の大学は情報センターとして、国内ばかりでなく世界中の知識が得られる場として機能していくことが求められる。学生たちはこれらのネットワークを通じて海外と結ばれ、好きなときに好きな場所で学習できるようになるだろう。

企業の合併・買収

2050年になると、ICT(情報通信技術)の発展によりフィジカルな空間とヴァーチャルな空間の融合が顕著になることが予想される。IoT、ビッグデータなどのICTにより経済発展や人口減少、超高齢化、医療、教育、環境・エネルギー、防災などの社会的課題を解決できる〝超スマート社会の成熟期〟になっているだろう。GNR(Genetics, Nano-technology, Robotics)革命と収穫加速の法則により、人間の思考が機械と融合し、生物としての基盤を超越し、人間と機械、現実世界とヴァーチャルリアリティとの間に区別がなくなる「シンギュラリティ」(技術的特異点)に到達しているかもしれない。しかし、人間の脳はデジタル思考にはなじまず、身体との統一的な機能と切り離せないために、シンギュラリティは来ないという意見もある。今後、人間の意識の働きや腸内細菌をはじめとする身体の共生システムが明らかになるにつれ、技術の応用について新たな視点が生まれるかもしれない。

ただ、ビジネスの世界では科学技術を積極的に取り入れた経営手法が盛んになるだろう。企業はビッグデータの集積と分析によって期待値ビジネスを展開し、M&A(Mergers & Acquisitions=合併と買収)を繰り返すので、世界はいくつかのグローバル企業の傘下に分かれて競合するようになっているかもしれない。これと同時に、社会の変化に応じて常に起業が活性化し、企業の新陳代謝が激しくなっているだろう。日本では、もの作り中心ではなく、先端高度医療と安価で広く人びとを救う医療の両輪をまわして外貨を稼ぐような新産業ができ、その改革に学術・科学技術を生かすような投資をしているかもしれない。脳科学や意識の解明が進むことで、たとえば言葉にするときに困難を感じても頭の中ではきちんと考えられている場合に、その人間の意識を使ったコミュニケーションが可能になり、価値観の大変換が生じて社会のあり方は大きく変化する。新たな通信手段を用いることによってスムーズなコミュニケーションが図れるとすれば、高齢になっても自信を失うことなく社会参加を続けていくことができるからだ。

これらの技術の急速な発展に伴い、海外のAI利用の動向なども踏まえた、公平で、信頼性の高いシステムやルールを完成させる必要がある。それは、プライバシーとセキュリティを担保し、多様性を許容し、透明性を維持し、説明責任を担保できるようなものでなければならない。この時代は、持続的な科学技術の革新とともに、包摂的な制度の枠組みを刷新するといった社会イノベーションの双方が調和していると考えられるのである。現段階ではこうした理想に近づくためには多くの課題があり、科学技術を賢く社会に取り入れるためには、人文学と社会科学の視点を十分に生かすべきである。

2020年から世界にまん延している新型コロナウイルスの影響で、各国は国境を閉鎖し、感染施設や地域を封鎖するなどの手段を講じざるを得なくなっているが、これまで世界はグローバルな動きを加速してきた。この感染症が制圧されれば、再び人や物は速度を上げて動き出すだろう。ICTの発展によって世界は一元化しているので、その動きを止めることはもはや難しい。時代が進むにつれて国の影響は小さくなり、貨幣は統一され、言語の壁はなくなり、ビザは必要なくなる。ネットを通じて世界中の人びとが多様な情報交換を行い、宇宙にも人びとが進出するようになっているだろう。しかし、ヴァーチャルなコミュニティだけでは人びとは満足できず、スポーツや音楽や学術を通じた交流会などさまざまな触れ合いを楽しんでいるはずだ。

新しい移動手段やその利用形態の開発によって交通渋滞は解消され、低コストで人も物も移動できるようになるだろう。個人はさまざまなアプリケーションによってどこでも、好きなときにその移動の波に参加できる。個人が所有にこだわらないようになり、住まいや働く場所の共有が増える。短期型のコミュニティがあちこちにでき、それがネットで繋がれて、個人は自由にコミュニティの間を行き来できる。「生涯現役」の割合が増加し、「サクセスフルエイジングのための健康寿命延伸」が起こって、高齢者の活躍も進み、各世代に応じた活動により実質的な労働力が維持される社会が実現しているはずである。AIとロボットの支援によって多くの仕事の内容が変化しているので、人びとはベーシックインカムによって暮らしをデザインすることになるかもしれない。つまり、明示的な労働がなくなり、人びとはそれぞれの暮らしを創造することに精力を傾けるようになっていると思われるのである。

未来の社会で、大学はフィジカルとヴァーチャルをつなぐコミュニティとして新しい役割を担うことになる。人びとはますます年齢に関係なく新しい知識や技術を習得する必要に駆られ、それを他者との触れ合いを通して学びたいと感じるからだ。日本がこれまでのように平和を維持し続けていれば、ますます外国人の占める割合は増え、伝統的な行事や、地域の活動に参加するようになるだろう。ＩＣＴやＡＩとの賢い付き合いを通じて、多様な人びとがそれぞれの違いを乗り越えて協働できる社会になってほしいものである。

そのためには、効率性や利便性によって自身の欲求を満たすだけではなく、自分の時間を他者と共有して、互いに感動しあえるような創造的な協力事業に参加することに意義を見出す必要がある。それには、直接的な利益を求めず、日本の各地や世界と結んでＳＤＧｓや地球環境へ配慮しつつ、産官学の連携によって多様な人びとの協働による知識や技術を蓄積している場が不可欠だ。それこそが、２０５０年の大学というコミュニティに他ならない。

三・京都大学の知を生かすために

さて、こうして科学立国日本の未来予想図を描いてきたが、私は実のところ科学万能主義からそろそろ距離を置くべきだと思っている。そう思い始めたのは、２０１９年にパリで京都大学とフランスの社会科学高等研究院（ＥＨＥＳＳ）、そして現在私が所長をしている総合地球環境学研究所（地球研）の共催で「自然は考えるか？」という変なタイトルのシンポジウムに出席したことがきっかけである。そのシンポジウムのフランス側の代表者ともいえるオーグスタン・ベルクさんは2018年にコスモス国際賞（国際花と緑の博覧会記念協会・大阪）を受賞し、そのときの講演でこう語っている。

西洋近代の古典的パラダイムMCWP（Modern-Classical Western Paradigm）は、存在論的には「二元論」に、論理的には「排中律」に基づいており、必然的に近代性と工業化を伴ってきた。このパラダイムは行き詰まりに達している。これは生物的な観点（第6次大量絶滅期）に限られない。道徳的な観点からも、社会的なつながりの分断によって、また美学的な観点からも風景の破壊によって、行き詰まってしまっている。一言で言えば、「MCWP」は人間存在を脱宇宙化したのである。私たち自身を再宇宙化するには、技術的な手法だけでは不十分である。存在論と論理学の両面から、私たちの思考の新しいあり方を見つけ出す必要がある。

ベルクさんは和辻哲郎（1889～1960）の『風土―人間学的考察』（1935年）に大きな影響を受けており、風土学（mesology）を創設した人である。

二元論とは、世界や事物の根本的な原理として、それらは背反する二つの原理や基本的要素から構成されるという考え方で、善と悪とか、天と地とかいう二分法がこれに当たる。「排中律」とは、2分された二つの世界の間を認めない考え方で、コンピューターのゼロサムという計算法がこれに当たる。西洋の思想はこういう考え方の下に発展し、自然と人間とを明確に分け、自然を客観的に見ることによって人間がコントロールできる対象と見なし、科学技術によってそれを達成しようとしてきたのである。その結果、私たちは自然を大規模に破壊し、人間の社会的なつながりをも失いつつある。和辻が述べたように、文化と自然は切り離せるものではなく、風土は「人間存在の構造契機」であるという考え方に立って、この世界の見方を再編成しなければならないというのである。

ベルクさんは、和辻のほかに西田幾多郎（１８７０～１９４５）や今西錦司（１９０２～92）という京都大学が誇る思想家の考えにも触れ、西洋思想の欠点を正す処方箋として紹介している。このとき、私は初めて自分のやってきた霊長類学が世界の新しい見方につながっていることを自覚したのである。

西田哲学はきわめて難解な思想と言われ、私も学生時代に『善の研究』（１９１１年）に目を通したものの、さっぱりわからなかった。日本の霊長類学の始祖である今西にしても、西田哲学の影響を受けていると言われながらも、本人がまったくと言っていいほど西田に言及していないので、あまり関係がないのだと思っていた。ところが、二人の書いたものを改めて見直してみると、たくさんの共通点が見つかったのである。西田は1937年に出した『論理と生命』のなかで、科学的態度とは「対象を見ている主体があり、その主体から切り離された対象があり、主体がその対象を観察して分析することで生み出される」と述べている。そして、「西洋的な主体化」の論理は、「一つの主体が他を否定することで、技術や市場が生み出す画一的な『環境世界』ができあがる」とも言う。

今西も1941年に書いた『生物の世界』で、自然科学は無機的環境要因にのみ重点を置いたと指摘し、「生物の主体性とは生きるということの表現である」、「生きるということは働くということであり、作られたものが作るものを作っていくということである」と述べている。これは、西田の「歴史的世界の中にあって、行為的に働きかけるものこそが『生命的なもの』」という主張に由来すると見て取れる。そして、有名な西田の「場所の論理」とは内側でも外側でもない「あいだの論理」であり、今西の「棲み分け」もその論理の上に立っていると考えられる。つまり、今西は西田哲学を自然の中で実証しようとしたのだとも言える。

そう考えると、今西が創始した霊長類学とはまさに「あいだの論理」の実証であり、それまで人間にしか認められてこなかった社会や文化を、サルや類人猿に見つけ出そうという試みであった。人類は自然の存在であるサルや類人猿との共通祖先から、一足飛びに社会や文化を備えた人間へと進化したのではなく、かならず両者をつなぐ「あいだ」の段階があったというわけである。

これは、「神によって地球を管理する役割を与えられた」とするキリスト教やイスラム教などの一神教とは大きく異なる考え方であり、仏教や神道などの多神教に通じる。仏教には四論《しろん》（レンマ）という考え方があり、最初の二つ（AはAである、Aは非Aではない）は「排中律」と呼ばれるが、後の二つには（Aでも非Aでもない、Aでも非Aでもある）という「容中律」が存在する。「あいだの論理」は容中律の表現なのである。

考えてみれば、日本にはこの容中律に根差したものがたくさんある。「三途の川」はあの世とこの世のあいだを流れるものであるし、橋はそのあいだにかかる。里山は神々の棲む山や森（ハレの世界）と人びとが住む里（ケの世界）のあいだに作られる。日本家屋に作られる縁側は、家の外でも内でもなく、そこで来客と語らい、碁や将棋などを楽しむ場所とされる。さらに、日本には「見立て」という独特な考え方がある。古くは平安時代に作られたとされる「鳥獣戯画」で、ウサギやカエルやサルを人間に見立てて描かれており、これは現代のマンガやアニメに通じる。文楽や歌舞伎、日本庭園や茶室など、例を挙げればきりがないほど、日本人が伝統的に作り出したものには容中律の考えが見事に表現されているのである。

そういった「古くて新しい思想」を利用して、世界を再構築してみることこそ、これからの大学の役割ではあるまいか。西田哲学や今西自然学だけでなく、京都大学や京都にはまだ日の目を見ないまま眠っている思想がたくさんある。そういったシーズを掘り起こして、現代の課題を解決する新しい方法論を練り直さなければならない。私はそう思ったのである。

四・コロナ後の社会と大学

新型コロナウイルスによる感染症がまん延してすでに2年ほどが経過する。感染を抑えるために、世界各国の医療従事者たちがまさに命を懸けてこの未知の脅威に取り組んでいる。研究者たちの必死の努力によってやっとワクチンが登場したが、まだ世界に広く行き渡るには程遠い現状にある。一方、私たちが感染の拡大を防ぐために自粛した数々の方策によって、いままでの暮らしが見直されつつある。それは、これから他のウイルス感染症が登場したときにも効力を発揮するだろうし、これまでどこかおかしいと思っていた暮らしに、新しい光が当てられることになるだろう。

3密（密集、密閉、密接）を避けて自宅に閉じこもっている間、私たちは足元の生活をじっくり見渡す機会に恵まれた。これまで、対価を払う労働とは見なされていなかった育児、介護、家庭内の雑用などが、家族で暮らす上で不可欠な行為だということがよくわかった。これまで、余暇だと思っていた外食や飲み屋めぐり、博物館や美術館、コンサートやスポーツ観戦が、それらなしでは暮らしが成り立たないことがわかってきた。しかも、家族は身体の能力や生理状態の違う仲間で構成されていて、歩調を合わせるのが難しい。家に閉じこもっているといらいらして、家族のちょっとしたふるまいに神経質になる。これまで価値の低い、あるいは余分と思っていたものが、実は私たちが生きる上で不可欠なものではないかと思えるのだ。

人間の社会は家族がすべての基礎になっているとはいえ、家族だけで暮らすようにはできていない。ここが、常に家族でまとまって行動するゴリラと違うところだ。ゴリラは家族には絶大の信頼を置くが、家族以外のゴリラには敵対心を抱き、ふつうは寄せ付けない。人間の家族は開かれていて、それぞれのメンバーは毎日家族を離れ、同調しやすい仲間と付き合い、また家族の元へ戻ってくる。人間の社会は移動する自由、集まる自由、対話する自由が保証されているからこそ、ゴリラにはない高度な社会力を発揮できるのだ。

スマホやインターネットが発達した現在、対話する自由だけはかろうじて確保できている。しかし、オンラインやメールでの対話は不完全である。時と場所を共有し、心身が共鳴する条件が与えられてこそ、真の対話ができるのだ。人間が生きるためには、人びとに信頼され期待されねばならないし、信頼を得るためにはどうしても直接会う必要がある。その出会いを作るために移動と集まる自由をどう保証していくかが、今後の未来社会を左右する重要な条件になるだろう。

大学教育もコロナの影響で大きく様変わりした。オンラインの授業が増えて、学生はキャンパスに行かなくなり、他の学生や教員たちと接触する機会が失われた。もちろんオンライン方式は、時間や労力を軽減できる、気軽に受けられるし質問も容易、大人数でも可能、といった利点がある。これまでのように授業を受けるために大学に通わなくてはならない、といった考え方がなくなった。海外に授業を配信するのが常識になりつつあるのはいいことだと思う。しかし、その反面、じかに教員や学生と付き合って新しい気づきを得ることが難しくなった。とくに、実験や演習、フィールドワークなど体験を通じて学ぶ機会が減じられたのは、大きなマイナスだろうと思う。すでに、インターネットの普及で大学は知識を学ぶ場所ではなくなっている。大学とは、協働作業を通じて他者の頭や身体の中に眠っている暗黙知を引き出し、それと対話しながら新しい知を磨く場所なのだ。

これから日本は世界に先駆けて人口縮小社会、少子高齢社会へと傾斜していく。その影響はまず地方におよび、過疎が深刻になって住民の生活に必要なサービスが提供できない地域が出てくる。それをICTやAI、ロボティクスといった科学技術を駆使して補い、地域を支えねばならない。超スマート技術は都市ではなく、まず過疎に直面する地方において農業、漁業、林業といった第一次産業を活性化させるために使うべきである。その際に重要なのは、これらの技術を埋め込んでシステムを作るだけではなく、技術の利用を通じて人びとが協働できる場を創出することである。

京都大学と日立製作所が2016年に共同で開設した「日立未来課題探索共同研究部門」は、少子化や環境破壊など149の社会要因についての因果関係モデルを構築し、AIを用いたシミュレーションにより2018年から2052年までの35年間で2万通りの未来シナリオ予測を実施した。その結果、シナリオは大きく都市集中型と地方分散型に2分された。その社会が持続可能か破局的かの観点から分析すると、8〜10年後に二つのシナリオの分岐が発生し、持続可能性では地方分散シナリオのほうが望ましい発展をすることが判明したのである。

そして、望ましい分岐を実現するには、労働生産性から資源生産性への転換を促す環境課税、地域経済を促す再生可能エネルギーの活性化、まちづくりのための地域公共交通機関の充実、地域コミュニティを支える文化や倫理の伝承、住民・地域社会の資産形成を促す社会保障などの政策が有効であるとしている。また、地方分散シナリオは、地域内の経済循環が十分に機能しないと財政や環境が極度に悪化する危険があるので、地方税収、地域内エネルギー自給率、地方雇用などについて経済循環を高める政策を継続的に実行する必要がある、と注意を喚起している。

大都市に人口や企業が集中している日本の現状をすぐに変えることは難しいが、コロナの影響で地方に回帰する動きが加速する傾向が出ている。これまで転入人口が転出人口を大幅に上回っていた東京が、初めて転出超過となったのだ。コロナの感染が急増する大都市を離れ、安全な地方へ避難したり移り住んだりする人びとが増えているのである。未来の都市は必ずしも人口が集中する必要はない。テレワークやＩＣＴを駆使することによって人びとは移動しながら、地方に居住しながら、中枢機能にアクセスすることができるだろう。

環境省は、地域で循環可能な資源はなるべく地域で循環させ、それが困難なものについては物質が循環する環を広域化させていき、重層的な地域循環を構築していくことを奨励している。地方公共団体等が、地域の有する資源の調査や活用方策の検討等を行い、都市と農山漁村の交流・連携事業、都市鉱山の利活用、食品ロス対策、地域を象徴する生物の保全と連動した農産物のブランド化や観光振興などの地域循環共生圏創造に向けた計画を策定し、それを具体化するにあたって、必要な支援を行うチームを環境省が形成して派遣し、官民協働で、地域の実情に応じた地域循環共生圏創造に向けた事業計画を策定していくことを提案している。

この資源循環システムの構築には、科学技術を駆使して資源利用効率を高める視点とともに、西田哲学や今西自然学が教えるように自然と一体化し、自然の諸力をうまく利用するような考えを取り込んでいく必要がある。分散型の地域社会構造への転換には、農林水産業と親和性が高く、自然資本に依存した地産地消型の再生可能エネルギーの利用を促進していくことが重要となる。さらに、人びとの協働によるコミュニティの創出といった観点から、システムを動かす人びとのつながりや持続性にも配慮していく必要があるだろう。

そのとき、都道府県それぞれに必ず一つ以上ある国立大学がその活動の拠点として利用できるし、全国に張り巡らされた国立大学の「学術情報ネットワーク」（SINET）が大きな力を発揮する。

しかし、大学も運営上の大きな問題を抱えている。少子化の影響を受けて18歳人口が減少し、大学入学希望者数が定員を下回って定員割れをする大学が出始めている。それを防ごうとして各大学は多様な入学試験を考案して、学生獲得に熱を入れ始めた。高校の推薦だけで入学させる大学や、高大一貫校として高校からそのまま入学させる大学も増えた。また、入学してくる学生の能力の多様化や資格取得の希望に応じて、専門学校に近いカリキュラムを提供する大学もある。このように大学が多様化する中で、国立大学は運営費交付金に過度に依存しないように自己資金を獲得し、いかに質の高い教育を提供するかが問われている。

五・日本の大学がすべきこと

そのためには、再びドイツのハンブルクで開かれた学長会議の問いに戻らねばならない。高等教育は社会のためにあるのか、それとも個人のためにあるのか、という問いである。

現状は、社会のためから個人のための教育へと大きく傾斜している。国立大学はこれまで入試日を統一し、5(6)教科7科目を課して試験を実施してきた。私立大学が無試験からせいぜい3教科3科目までの試験に終始している現状とは対照的である。これは一定の水準以上の学力を持つ学生を総合的に選別し、その能力をさらに高め、洗練された市民として社会に送り出すことを国立大学の共通な使命としているからである。授業料を統一し、入学者を定員の枠内に留めているのも、特定の大学に志願者が集中しないように、大学間に格差が生じないようにする配慮の結果である。しかし、それでも大学間、分野間(とくに医学部と他学部)の格差は生じる。それは、大学や分野によって卒業後の社会的地位に差が生じると見なされているためであり、大学入試が「落とすため」の選抜試験に成り下がっているからである。そのため、なるべく社会の上層部へ通じる大学へ入学させようとして、親たちは早くから子どもたちを受験勉強に駆り立て、受験産業は難関大学や難関学部の入学を目標にして勉学のコースを提供する。

その結果、入りたい大学ではなく、偏差値の合う大学を目指すことになる。入学後にミスマッチが生じて勉学意欲が減退し、学力が上がるどころか低下して卒業できない学生が増加する。つまり、現代の大学は個人(あるいは親)の希望に沿った教育システムに変化を遂げつつあるが、社会の期待に応えるような人材育成からは遠ざかっていると言えるのではないだろうか。

これには、日本の教育が抱える特殊事情がある。まず、日本では高校生の学力を測る全国テストを国レベルで実施してこなかった。ヨーロッパではフランスのバカロレアをはじめとして、各国で一斉テストを行い、大学へ進学する資格を得る。大学はこの成績を元に、独自の選抜評価基準を設ければいい。しかし、日本では各高校が学生の卒業を認定し、それが大学の入学資格となっている。全国に共通する基準がないので、大学が独自に入学選抜試験を実施しなければならなくなっているのだ。大学入試が「落とすため」の試験に成り下がっている理由がここにある。実は、2015年に始まった文科省による「高大接続システム改革会議」はそれを改善し、大学教育、大学入試、高校教育を三位一体として改革していくことを目指していた。それが、大もめにもめた挙句、本来の目的を見失って記述式問題や英語の4技能という入試の問題だけに縮小してしまったのは何とも残念な気持ちである。

米国の企業型経営方式を採用するにも問題がある。米国の大学は全国標準テストのACTやSATを利用し、大学がプロの面接官を採用したりして能力のある学生を選抜している。しかし、これは個人や企業の寄付を可能にする税制の後押しにより、大学が自己資金を集めやすいことが前提となっている。米国政府は自国の高等教育が世界に波及することを国際戦略としており、留学生を増やし、他国に米国の大学が進出することを支援している。学生や研究者の流動性が高まることは米国の外交戦略の柱なのである。日本ではとてもこのような税制改革や外交戦略は望めない。

では、日本の国立大学はいったいどういう将来の道を模索すべきなのか。これまで述べてきたように日本の大学は、ヨーロッパのように公立主体で学生の負担を減らすような方向にも、米国のように私立主体で大学の自己資金を大幅に増やすような方向にも進めない。だとすれば、このままの体制を維持しつつも、公立、私立を問わず大学同士が連携して役割分担を行い、個人と社会の期待に応えるように、教育の質を整えることから始めるしかないと思う。最重要課題は、18歳人口の減少とグローバル化、国際化への対応である。

大学入学者の数が減り続ければ、大学の数や規模を縮小せざるを得ない。しかし、日本の大学進学率はまだ50％台半ばで、世界の30位にも入っていない。韓国（89％）や米国（82％）に比べれば、まだまだ進学率は上がることが期待できる。しかも、大学で学ぶ社会人の数は全大学生の２％に過ぎず（ＯＥＣＤ諸国の平均は22％）、留学生の数（全学生の数の3%）も欧米諸国（10～30%）に比べて圧倒的に少ない。これらの数値を上げれば、大学の入学者はもっと増えるはずである。それには以下のことに留意する必要がある。

まず、国立大学の共通の使命は、洗練された市民となる高い教養を与えることである。世界の状況は急速に変わっていく。いまある職業の半分以上が10年後には消滅しているという予測もある。歴史や社会、自然、人間についての広い知識と、それを応用して新しい世界観を構築できる能力を磨かなければ、未来の社会で活躍できない。その必要性に迫られているのは、18歳とその周辺の世代だけではない。すべての世代の人びとがともに学び、対話を通じて未来を模索することが重要なのである。大学はその学びと対話を作る貴重な場である。そのために、大学は古今東西の学問を俯瞰できる知が得られる場所でなければならず、現代の世界で通用する知識や技術だけではなく、多様な知の拠点としてさまざまな研究者コミュニティに支えられていることが不可欠になる。大学はそこに所属する研究者だけで作られるのではなく、国内はもとより国際的な研究者のネットワークをその存立の基盤にしているのである。

また、留学生や外国人教員の数を増やし、国際的な知の発信を促進していくならば、教育研究は国際的に開かれたものでなければならない。日本の大学を海外の学生にとって魅力あるものであるためには、英語ばかりでなく、他の言語でも対話の可能な講義やセミナーを開講する必要があるし、何より教育研究の質を高めなければならない。海外のどの大学でも学部生を長期間海外に出すことにはためらいがある。自国の学生の基礎・教養課程は、自国の大学で責任を持って実施したいという意識が強いからだ。であれば、異文化理解や国際感覚の習得のため、短期の留学を大規模に展開したほうがいい。学部に受け入れる留学生の数を増やすためには「日本文化の理解」を中核にした短期の学習コースを提供する。これはそれぞれの大学が独自に展開するより、協力して海外の大学と連携するほうがコストも効率もずっと向上するだろう。コロナ禍のオンライン授業の普及で、もうそれはすぐにでも実施可能になっている。

大学院学生の交流は研究協力がベースになる。学生が研究活動に参加しながら学習することが不可欠になるからだ。留学生を増やすためには、各大学が特色ある研究をもっと発信し、海外の大学と研究者交流を活発に行う必要がある。年俸制やクロスアポイントメント制度（研究者が大学、公的研究機関、企業の中で二つ以上の機関に雇用されて研究、開発、教育に従事する）を活用して教員の流動性を国際的に高めれば、教員の動きに伴って学生の流動性も高まる。ただ、大学における研究は産業界の利益に直結するものばかりではなく、その成果は常に社会にオープンでなければならない。最近はオープンサイエンスやオープンイノベーションの理念が強く要請されるようになっており、博士論文等をウェブ上に公開することが義務付けられるようになった。大学の講義もOCWやMOOCなどによって世界に無料で配信されるようになってきた。教育の機会や研究の成果を世界に平等に配分するという精神の現れであると思う。

これらの世界の動きは、日本の大学が日本の18歳人口だけを対象とせず、世界のあらゆる世代や階層の人びとに開かれたものになるように促している。その要請にきちんと応えることが、国際社会での日本の高い評価につながるはずだ。21世紀の日本の国際戦略は科学技術外交である。それに日本の高度な教育を付け加えれば、日本が世界に果たす役割は格段に上がるだろう。大学の知は私的な利益追求のためにあるのではなく、常に公共のため、社会のためにあるという矜持を忘れてはならないと思う。

おわりに

書き終えてみて、私はずいぶん変な人生を歩んできたものだと思う。定年近くなるまでひたすらサルとゴリラのことばかり考えて生きてきた。もちろん、その先にはいつも遠い人類の過去の姿が見え隠れしていたし、人間とは何かという問いがつきまとっていた。だから、私は常に人間を外から眺める習慣を身につけていたと言っていい。

ところが、その私が総長に任命されて、急に大学の運営を任されることになり、さらには国立大学協会の会長、日本学術会議の会長という重責を背負わされることになった。いったいなぜ、良識ある教員や研究者たちがそんな非常識な人事を考えたのか。政府や官邸からすればとてもおかしなことに見えたに違いない。振り返ってみれば、それほど思い切った発想の転換をしなければならないほど、大学も学術界も追い詰められていたということなのかもしれない。

私のやってきた霊長類学が大学の経営に役立たないという訳ではない。事実、ケンブリッジ大学の学長にマダガスカルのキツネザルの研究をしていたアリソン・リチャードさんが就任したこともあるし、総合研究大学院大学の長谷川眞理子学長はニホンザルやチンパンジーの研究をしていた。その夫で一緒に霊長類の研究に従事した長谷川寿一さんも長らく東京大学の副学長を務めていた。私も腹を決めて大学経営に乗り出してみると、それまでの経験がずいぶん役立つことがわかった。

とくに、大学をゴリラがすむジャングルに見立てると、大学という仕組みや置かれている状況がよく見えてくる。西田哲学が指摘するように、日本には「見立て」の文化と情緒がある。それを応用してみると、大学はジャングルと同じように多様性と総合知によって成り立つコモンズだということがよく理解できる。その観点から、これまでの私の活動を振り返って書いてみたのが本書である。だいたいは書き下ろしだが、中にはすでに発表した原稿を手直ししたものもある。総長時代に自分の思いをいろいろなところで書き散らしたので、重複しているという印象を与えるかもしれないが、そこはお許しいただきたいと思う。

しかし、これは私の総長時代の回想録ではない。私が考えた大学という知の拠点のあり方、そしてそれを未来の社会に生かすための処方箋が盛り込まれている。思えば、私が総長を担った6年間は国立大学が存亡の危機を迎えた時代だった。その主因は、政府が大学という教育と研究の場を公共財と考えず、銀行や企業と同じように利益を追求して自立する経営体であるべきと見なしたことである。平成の大合併に象徴されるように、効率化と生産性向上を目指して市町村の合併や小中学校の統廃合が相次いだ。同時に銀行や企業の合併や統合が将棋倒しのように続き、規模を大きくすることを良しとする風潮が広がった。財務省主導のこの改革はいまも続いているが、それが地方を疲弊させ、とくに診療所の統廃合によって今度の新型コロナウイルスによるパンデミックに対処する力を失わせてしまったことが明らかになった。大学もその例に漏れない。法人化が始まってすぐにいくつかの国立大学が統合したし、いまもその動きは加速している。

何度も言うが、国立大学は国民にとっての公共財である。人口減や経営不振を理由にそれをつぶしていくのは大きな間違いだ。47都道府県に国立大学があるというのは、国民のかけがえのない財産であるし、それぞれの地域の人びとのアイデンティティとなっている。いったんつぶしてしまえば、もう元には戻らない。政府は国立大学の利用価値を向上させるように政策を練るべきである。

法人化以降の大学改革の失敗は、それが財務省主導で文部科学省の知見がほとんど反映されないことにある。もとはと言えば、官邸が人事権を掌握し、役人がびくびくしながら忖度し始めて、政治家主導の政策が場当たり的なものになってしまったのだろう。とくに、政府が国立大学の目標を米国の有名私立大学に求めたのは大きな誤りだった。そもそも国立大学は私立大学とは仕組みが違う。私立大学は寄付や委託研究、学生納付金によって自律的な資金を保有し、それを運用することによって運営費を確保している。だから資金の運用を図る理事会が強いし、教授会はテニュア制度を確保して人事権を握る。一方、日本の国立大学は運営費交付金を国に頼り、外部資金を増やすように誘導されてきた。その過程で、国は補助金という名目で国立大学を競争させ、経営体としての自立を目指すように要求を強めた。そもそも目標が間違っていたのだと思う。米国の私立大学ではなく、英国やドイツやフランスの国立大学を参照すればよかったのである。

むろん、ヨーロッパの国立大学も国の財政難で経営が苦しくなっていることに変わりはない。しかし、それなりに国が投資を抑えることなく教育や研究を推進している。本書でも示したように、英国は国際大学ランキングという評価を世界に普及させて、留学生を呼び込み、多額の授業料を設定して大学の経営を支えた。ドイツは国や州から大学への交付金を毎年増やしながら、ドイツが誇る中小企業との産学連携を推進した。それぞれの国は大学を支援しながら、大学の自主的な改革を支えているのだ。一方、日本は交付金を削減し、大学を競争させ、産業界と口をそろえて大学の欠点をあげつらいながら、大学改革を強要する。これではいい方向に大学が向くわけがない。

私が総長になったときに、政府や産業界から聞こえてきた掛け声は、「大学の研究力が落ちた」、「大学生は遊んでいて必要な教養を身につけていない」、「産業界にイノベーションが起きないのは大学の責任だ」、「国立大学は政府におんぶにだっこで、自律的な改革を行っていない」、「一定の指標の下に競争させて、業績の悪い大学は統廃合すべきだ」などというものだった。しかし、その責任はバブルが崩壊するまでリニア・モデルに固執しすぎた産業界の古い体質と、財政負担を減らすことばかり考えて大学への実質的な支援を怠った政府の失政にあったことは明らかである。低成長の時代が来ることを早くから見抜いていた欧米諸国に比べて、日本の政府も産業界も、そして大学も周回遅れになっていたのだ。

その失敗の本質は、政府の学術に対する軽視と、研究者の無視にあると思う。今回の新型コロナウイルスへの対策に見られるように、政府の方針は場当たり的で、まったく科学的エビデンスに従っていない。菅義偉総理の会見も希望的観測を述べるだけで、実際の結果とは大きく食い違っている。しかも、それを反省せずに、また同じことを繰り返し述べるといったことが続いた。これでは国民がうんざりして、政府の方針に従わなくなるのは当然である。

2020年の9月末、私が日本学術会議の会長を任期満了で辞める際に、次期会員候補6名の任命を菅総理が拒否する事件があった。この事件は政府の態度を如実に示したものだと言える。その後、国内外の学界から抗議の意見が多数寄せられ、マスコミでも頻繁に取り上げられたが、菅総理がこの決定を見直さないまま1年がたった。菅総理は退任を表明したが、次期政権もおそらくこの決定を変えないだろう。それは、この任命拒否がこれまでの政府の態度を象徴しているからだ。この決定をめぐって、「日本学術会議法に違反している」とか「日本学術会議の会員の選び方は科学者の分布を反映していない」とかいろいろな意見が出たが、問題の本質は、菅総理が任命を拒否した理由を言わなかったことにあるのだ。

菅総理は当初、「会員候補者名簿を見ていない」と漏らした。後で、「候補者についてはきちんと説明を受けている」と弁解したが、総理が会員の業績を基に任命を拒否したわけではないことは明らかである。ではいったいなぜ、総理は拒否したのか。おそらく、「政府の方針に異を唱える学者だから」というのが本音だろうが、それを言ったらおしまいである。

民主主義国家である日本政府はいかなる意見も排除することなく尊重することを建前としている。立法府である国会も、政府の方針に反対する野党議員が多く国民から選ばれて参加している。学者の国会と称される日本学術会議もそうだ。私は3年間会長としてさまざまな提言をまとめてきたが、相反する意見も多く、意見を調整するのに苦労した。しかし、それを怠ったら民主主義の根本が崩れる。理由を言わずに拒否する態度は、「自分で考えて忖度しろ」という強制に他ならない。安倍晋三政権以来、官僚の人事権を掌握してこの忖度政治がまかり通ってきた。菅政権はそれをさらに拡大しようとしたのである。

日本学術会議の会員任命拒否が前例となって定着すれば、その影響はすぐに国立大学におよぶ。国立大学の学長は文部科学大臣が任命することになっているからである。これまで各大学の学長選考会議によって選出された候補者が任命拒否にあったことはない。しかし、任命拒否が大臣の権利となれば、政権の意にそぐわない学長候補を拒否できるということになる。実際、20年3月に策定された「国立大学法人ガバナンス・コード」は国立大学協会と文部科学省、内閣府の合意に基づいて作られ、学長の選考は教職員の「意向投票によることなく」と明記されている。

本書でも述べたように、毎年ぎりぎりの資金で運営が左右され、現場の教職員の犠牲を伴う措置も講じなければならないいまの国立大学が、教職員の意向に沿わない学長を選んでもやっていけるわけがない。日本政府はいったい何を考えているのか。学長の権限を強め、その学長の任命権を振りかざし、補助金をちらつかせて大学を意のままに操れば、日本の研究力や産業力が高まるとでも考えているのだろうか。

それは間違っている。すくなくとも民主主義を標榜する国は、そんな国主導の政策を強めて大学を支配しようなどとは考えていない。大学は自由な発想の下、多様な知が刺激し合う場であり、そこに利益主導の産業界の方針や政治目的を反映させてはならない。公共財としてさまざまなステークホルダーが利用し、出会いと気づきによって新たな発想を得るコミュニティなのである。その力を軽視してはならない。

その力を国力に反映させるためには、大学を政治の力で押さえつけてはいけないのである。まさにジャングルとしてカオスの性格を保ちながら、お互いに共感し、調和の道を探る。そこに新たな未来につながる光を見出さねばならない。科学立国である日本は武力で国際関係を調整することはできない。学術の力で、教育の力で、国際的な知の調和を図り、未来の社会を先導するのである。そのことを忘れては、世界における日本の存在感はない。大学は日本にとっても世界にとっても、地球環境の安定と社会の平和につながる大きな希望なのである。

私が京都大学の総長を務めた6年間、本当に多くの方がたにお世話になった。湊長博さん、北野正雄さん、杉万俊夫さん、川添信介さん、阿曽沼慎司さん、佐藤直樹さん、稲葉カヨさん、清木孝悦さん、森田正信さん、平井明成さんの各理事や副学長の方がたには、東京へ出張の多い私の不在をきちんと埋めていただき、獅子奮迅の働きをしていただいた。国立大学協会の会長を務めた際には、松尾清一さん、永田恭介さん、岡正朗さん、室伏きみ子さんの各副会長には国立大学が抱える重要課題について身を挺して立ち向かっていただいた。文科省や財務省との話し合いや、理事会や総会でけんか腰になって議論したことを懐かしく思い出す。また、日本学術会議の会長を務めた際は、三成美保さん、武内和彦さん、渡辺美代子さん各副会長に多くの難しい仕事を引き受けていただいた。おかげで日本学術会議は政府やマスコミや社会、そして世界に広く開かれることになったと思う。おそらく最も感謝しなければならないのは、松尾由美さん、山崎宏記さん、萱沼咲さん、中島薫さんをはじめ総長業務や会長業務を支えてくれた秘書の皆さんである。3足の草鞋を履いたおかげで、私の予定を調整するのが極めて難しくなったし、膨大な人びとと連絡を取り合わなければならなくなった。何とか大きなトラブルを起こすことなく業務を全うできたのは皆さんのおかげである。心から感謝を申し上げたい。

最後に、本書の編集の労を取っていただいた朝日新書の田島正夫さんに感謝したい。この企画は私が総長を辞めた直後からあったのだが、日本学術会議の会員拒否問題や総合地球環境学研究所の所長就任に関わるさまざまな雑務が重なって、なかなか執筆に取り掛かれなかった。1年後にやっと本書が仕上がったのは、田島さんの辛抱強い働きかけのおかげだと思う。

ぜひ、日本の学術と教育に興味のある多くの方に本書を読んでいただきたいと切に願う。

2021年10月
山極寿一

山極寿一　やまぎわ・じゅいち
1952年、東京都生まれ。霊長類学者・人類学者、総合地球環境学研究所所長。前京都大学総長（2014〜20年）。京都大学理学部卒業、理学博士。人類進化をテーマにゴリラを主たる研究対象として人類の起源をさぐり、アフリカなどを舞台に実績を積んでいる。国際霊長類学会会長、国立大学協会会長、日本学術会議会長などを歴任。
著書に、『ゴリラとヒトの間』（講談社現代新書）、『家族の起源——父性の登場』『家族進化論』『ゴリラ』（東京大学出版会）、『「サル化」する人間社会』（集英社インターナショナル）、『ゴリラが胸をたたくわけ』（福音館書店）、『京大総長、ゴリラから生き方を学ぶ』（朝日文庫）など多数。

朝日新書
843
京大《きょうだい》というジャングルで
ゴリラ学者《がくしゃ》が考《かんが》えたこと

2021年11月30日第1刷発行
2021年12月20日第2刷発行

著　者　山極寿一

発行者　三宮博信
カバーデザイン　アンスガー・フォルマー　田嶋佳子
印刷所　凸版印刷株式会社
発行所　朝日新聞出版
〒104-8011　東京都中央区築地5-3-2
電話　03-5541-8832（編集）
　　　03-5540-7793（販売）

Published in Japan by Asahi Shimbun Publications Inc.
ISBN 978-4-02-295150-2
定価はカバーに表示してあります。
落丁・乱丁の場合は弊社業務部（電話03-5540-7800）へご連絡ください。
送料弊社負担にてお取り替えいたします。

米中戦争
「台湾危機」驚愕のシナリオ

宮家邦彦

米中の武力衝突のリスクが日に日に高まっている。中国が台湾を攻撃し米国が参戦すれば、日本が巻き込まれ、核兵器が使用される「世界大戦」の火種となりかねない。安全保障学の重鎮が、複雑に絡み合う国際情勢を解きほぐし、米・中・台の行方と日本の今後を示す。

江戸の旅行の裏事情
大名・将軍・庶民 それぞれのお楽しみ

安藤優一郎

日本人の旅行好きは江戸時代の観光ブームから始まった。農民も町人も男も女も、こぞって物見遊山へ！ その知られざる実態と背景を詳述。土産物好きのワケ、関所通過の裏技、男も宿場も喜ばす飯盛女、漬物石まで運んだ大名行列……。誰かに話したくなる一冊！

データサイエンスが解く邪馬台国
北部九州説はゆるがない

安本美典

古代史最大のナゾである邪馬台国の所在地は、データサイエンスの手法を使えば、北部九州で決着する。畿内ではありえない。その理由を古代鏡や鉄の矢じりなどの発掘地の統計学的分析を駆使しながら、誰にも分かりやすく解説。その所在地はズバリここだと示す。

「檄文《げきぶん》」の日本近現代史
二・二六から天皇退位のおことばまで

保阪正康

2・26事件の蹶起趣意書、特攻隊員の遺書、三島由紀夫の「檄」など、昭和史に残る檄文に秘められた真実に迫る。天皇（現上皇）陛下の退位の際のおことば、亡くなった翁長前沖縄県知事の平和宣言など、印象に残る平成のメッセージについても論じる。

60歳からの教科書
お金・家族・死のルール

藤原和博

60歳は第二の成人式。人生１００年時代の成熟社会をとことん自分らしく生き抜くためのルールとは？〈お金〉〈家族〉〈死〉〈自立貢献〉そして〈希少性〉をテーマに、掛け算やベクトルの和の法則から人生のコツを説く、フジハラ式大人の教科書。

頼朝の武士団
鎌倉殿・御家人たちと本拠地「鎌倉」

細川重男

実は〝情に厚い〟親分肌で仲間を増やし、日本史上・空前絶後の万馬券〝平家打倒〟に命を賭けた源頼朝、北条家のミソッカスなのに、仁義なき流血抗争を生き抜いた北条義時、二人の真実が解き明かされる、２０２２年ＮＨＫ大河ドラマ「鎌倉殿の13人」必読書。

どろどろの聖書

清涼院流水

「世界一の教典」は、どろどろの愛憎劇だった!? 今、世界を理解するために必要な教養としての聖書、超入門編。ダビデ、ソロモン、モーセ、キリスト……誰もが知っている人物の人間ドラマを読み進めるうちに聖書がわかる！ カトリック司祭 来住英俊さんご推薦。

京大というジャングルでゴリラ学者が考えたこと

山極寿一

ゴリラ学者が思いがけず京大総長となった。世界は答えのない問いに満ちている。自分の立てた問いへの答えを探す手伝いをするのが大学で、教育とは「見返りを求めない贈与、究極のお節介」。いまこそジャングルの多様性にこそ学ぶべきだ。学びと人生を見つめ直す深い考察。